数字化时代技术–社会共演的社会化商务

董雪艳　王铁男　著

国家自然科学基金青年科学基金项目"技术可供性对社会化商务多主体行为的影响机理研究"（71902158）
国家自然科学基金面上项目"数字化转型情境下组织适应性整合能力的形成机理与影响机制研究"（72272122）　资助
西北工业大学精品学术著作培育项目

科 学 出 版 社

北 京

内 容 简 介

社会化商务是数字经济时代电子商务发展的典型模式,为推动新经济发展提供了重要的商业模式新形态。然而,当前关于社会化商务的研究还处于初级阶段,缺乏对其系统的研究。本书立足于中国电子商务发展的实践,在充分考虑社会化商务特性的基础上,从社会化商务发展的技术特征和用户关系层面入手,基于技术可供性理论、社会资本理论与关系理论,从多角度探索影响用户社会化购买行为的过程因素,以及各因素之间的潜在关系,进而构建用户社会化购买行为的理论模型,从而揭示用户社会化购买行为的内在机理。

本书适合从事电子商务、社会化商务相关研究方向的学者阅读,适合作为各高等院校的管理类本科生、全日制学位研究生、专业学位研究生的电子商务、社会化商务等课程教学用书,也适合作为各类电子商务、社会化商务领域的企事业管理人员以及社会实践者的自学用书。

图书在版编目(CIP)数据

数字化时代技术-社会共演的社会化商务 / 董雪艳,王铁男著. —北京:
科学出版社,2024.7

ISBN 978-7-03-074623-8

Ⅰ. ①数… Ⅱ. ①董… ②王… Ⅲ. ①电子商务—研究 Ⅳ. ①F713.36

中国版本图书馆 CIP 数据核字(2022)第 255427 号

责任编辑:郝 悦 / 责任校对:贾娜娜
责任印制:张 伟 / 封面设计:有道设计

科学出版社 出版
北京东黄城根北街 16 号
邮政编码:100717
http://www.sciencep.com
北京天宇星印刷厂印刷
科学出版社发行 各地新华书店经销
*
2024 年 7 月第 一 版 开本:720×1000 1/16
2024 年 7 月第一次印刷 印张:8 3/4
字数:175 000

定价:102.00 元
(如有印装质量问题,我社负责调换)

前　言

　　数字经济时代催生了企业数字化变革，在这场变革中，信息技术的应用和发展使得线上电子商务的社会化特征变得愈加明显。同时，社交媒体，如 Facebook、Twitter、微信（WeChat）等，以及移动端的普及为社会化商务的发展聚集了大量潜在用户，也为社会化商务提供了巨大的发展空间和广阔的平台，社会化商务作为一种新兴的商业模式正推动经济发展呈现出新形态（如直播带货）。埃森哲公司 2021 年的一份调研报告预测，社会化商务的增长速度将是传统电子商务的三倍，并且其全球规模将从 2021 年的 4920 亿美元增长到 2025 年的 1.2 万亿美元，增幅超过一倍。社会化商务正在引领新的消费模式，创造新的经济价值，对社会化商务的探讨和研究吸引了实践界和学术界的广泛关注，对社会化商务展开研究具有重要意义。

　　然而，现有关于社会化商务的研究还处于初级阶段，主要集中于对其概念及影响因素等方面的探讨，研究主要考虑电子商务的影响因素及模型，研究成果比较零散，没有形成完整的、系统的研究体系。对社会化商务本身特征因素的考虑还不够丰富和完善，也缺乏对社会化商务具体行为机理的揭示，这在一定程度上限制了社会化商务的理论发展，也制约了对该领域前瞻性问题的探索，需要研究者进一步地研究与讨论。本书在充分考虑社会化商务特性的基础上，从社会化商务发展的技术特征和用户关系层面入手，基于技术可供性和社会资本理论与关系理论视角，将设计科学研究范式与行为科学研究范式相结合，从多角度探索影响用户社会化购买行为的过程因素，以及各因素之间的潜在关系，进而构建用户社会化购买行为的理论模型，从而揭示用户社会化购买行为的内在机理，试图在理论和实践价值方面做出贡献。

　　本书在现有文献的基础上，界定了社会化商务的概念，明确了研究边界，归纳了社会化商务的特征和运营模式，阐述了社会化商务的主体和价值创造过程。通过理论分析，确定了以技术可供性、社会资本和关系理论为主要分析基础，分析了影响社会化商务发展的关键影响因素，为深入研究社会化购买行为过程及构建理论模型奠定了理论基础。随后，本书在可供性理论的基础上，拓展了该理论的适用边界，发展了社会化商务技术可供性构念，并对其进行了概念界定。然后依据质性研究的程序，在考虑社会化商务实践发展的基础上，采用试验性前导访谈、半结构化问卷、开放和轴向编码策略（open and axial coding strategy）、专家讨论与文献分析相结合的研究设计，提炼出了社会化商务技术可供性构念的六个维度：可视性（visibility，VI）、表达性（metavoicing，ME）、提醒关注性（triggered attending，TA）、购物导向性（guidance shopping，GS）、社会化连接性（social connecting，SC）和交易性（trading，TR）。本书在对该构念进行深入剖析后发现：缺乏对技术可供性构念的有效测量工具是当前鲜有研究对技术可供性展开实证探讨的主要原因。因此，本书依据严格的量表开发程序对社会化商务技术可供性构念及其维度进行了量表开发，采用质性与量化研究相结合的方法，经过条目生成、条目修订、条目评估以及条目确定等步骤，最后依据信度和效度分析结果，确立了 26 个测量题项，为后续展开实证探讨提供了测量工具。

本书还着重运用问卷调查和实证研究方法对社会化商务情境中用户购买行为进行了探讨。考虑到技术与关系是社会化商务运行开展的两个重要因素，同时，技术又为社会化商务的发展提供了先导支撑条件。因此，以技术效应对社会化购买行为的影响为研究主线，本书构建了影响用户社会化购买行为的多维度理论模型，对于从理论上全面地理解社会化商务的内涵和特性，深入地探究影响社会化购买行为的影响因素，以及各因素之间的影响关系具有一定的推进意义，为后续研究者探究社会化购买行为提供了一个完整的理论框架。本书将有助于揭开用户参与社会化购买行为的"黑箱"，丰富和完善技术可供性理论、关系理论、社会资本理论以及社会化商务领域的相关研究，为实践者更好地参与社会化商务活动提供策略和建议。

董雪艳

西北工业大学管理学院

2023 年 10 月 5 日

目　　录

第1章 绪　　论

1.1　研究背景与问题提出

1.1.1　研究背景

作为信息技术应用的主要领域，电子商务在现代的经济生活中扮演着重要角色。同时，互联网的飞速发展使得当前社会已进入"全民电商时代"。尤其是在过去的 15 年，依托于信息技术，电子商务的发展取得了巨大成功。它不仅催生出许多成熟的交易平台（如淘宝、京东），衍生出新兴的产业格局（如快递服务业、在线旅游业），创新出新兴的商业模式（如 O2O、团购、互联网金融），还提供了新的职业选择（如店铺装修师、网红）。尤其是从 2009 年开始的，以天猫为代表的，在中国范围内兴起的"双十一"购物狂欢节，现已成为全球性的购物盛典日，在 2018 年 11 月 11 日当天，天猫的交易额就达 2135 亿元，首次突破 2000 亿元大关。时隔三年，在 2021 年 11 月 11 日当天，天猫的交易额达 5403 亿元，在全国经济下行和新冠疫情的影响下，天猫"双十一"交易额仍在三年内增长了 153%。图 1-1 展示了 2013～2021 年以天猫为代表的中国电子商务平台与全网在线销售平台在"双十一"当天的销售额增长情况。这些涌现出的新现象说明电子商务正推动经济发展，成为经济发展的新增长点。

图 1-1　2013～2021 年天猫与全网"双十一"销售额增长情况

社会化媒体为电子商务的发展创造了新的机遇，拓展了电子商务的发展空间，并颠覆了其运营模式。社会化媒体是基于社会化分享，以用户生成内容（user generated content，UGC）为架构的网络媒体，其包括的平台如图1-2所示。社会化媒体的最大特点在于赋予了每个人创造并传播内容的能力。随着社交媒体技术的发展，电子商务的发展模式也在发生重大改变。一方面，随着用户社交媒体使用黏性的提高，用户愿意通过社交媒体参与购买行为。另一方面，各类企业也开始把社交媒体当成其品牌营销和产品推广的手段。《麻省理工斯隆管理评论》（*MIT Sloan Management Review*）2014年9月的研究报告显示，67%的企业高管认为社交媒体有机会从根本上改变他们的业务，不仅能够重塑组织或个人，而且正在改变商业环境。因此，社交媒体已经几乎成为企业重要的传播策略实施平台。企业管理者可以利用社交媒体技术挖掘有利于企业发展的"资本流"，探索新兴的商业应用模式，以期实现更大的潜在的商业价值。

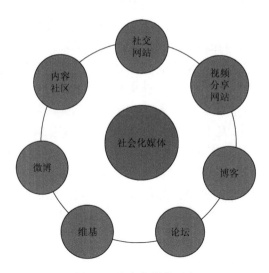

图1-2 社会化媒体平台

社会化媒体真正突破了时空的限制，个体用户能无限制地扩大社交网络，参与用户生成内容，从而使人类传统社交方式发生改变，实现随时随地互联互通、互创互享。这使得用户的网络社交从"增量性的娱乐"向"常量性的生活"的轨迹发展，即网络社交互动成为用户日常生活的一部分。依托于社交网络（如Facebook、Twitter、微信），消费者可以在更大范围内获知企业、产品、服务等商业信息，从而获得更好的购物体验、做出正确的购买决策。同时，社交网络用户也可以将获得的信息传递给好友，使得社会化媒体营销呈现病毒式传播，因而社交网络成了传递构建信息的载体。图1-3展示了社交网络用户生成内容传递构建模式。可以说，正是社交网络的应用普及促进电子商务开启了新的时代，使得电子商务步入移动社交新常态。同时，在互联网经济的浪潮下，企业开始重新审视商业模式的运作，一些企业开始在其网站上推出新功能，利用社会化媒体、用户社交网络等推广其企业形象，提升其产品口碑，也使消费者以一种更加社会化和互动化的方式参与产品销售、体验在线购物。在这种背景下，社会化商务（social commerce）应运而生。社会化商务正改变着人们对传统电子商务（e-commerce）的认知，对其进行探索研究，具有非常重大的意义。

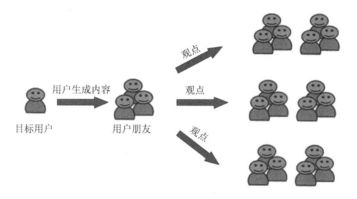

图 1-3　社交网络用户生成内容传递构建模式图

　　社会化商务是电子商务的延伸，其利用社交媒体将顾客和商家连接起来，通过社会化的互动和用户的分享、贡献，丰富用户体验，促进完成在线产品或服务的交易。简而言之，就是利用社交媒体平台开展商业活动。它的典型特征是支持用户在线购物体验中的社会化活动。传统的电子商务目的比较单一，就是通过提供系统功能（如产品搜寻、产品推荐、产品分类）提高顾客在线购物的效率。但社会化商务并非电子商务和社交网站两者的简单相加，如同当前蔓延的"互联网＋"概念，它是互联网对传统行业的渗透与融合，并不是传统行业简单"触网"即可完成渗透与融合。社会化商务在多方面都不同于电子商务与社交网站（表 1-1），它整合了社交网络和在线购物的综合力量，成为电子商务的一种新型模式。对于这种商务模式需要在传统电子商务运营的基础上进行区别，理解社交媒体对传统电子商务进行的思维模式和经营模式的颠覆，进而理解传统电子商务与社交媒体平台进行的深度融合，以及其表现出来的社会化互动和在线购物行为。《社会化商务战略与展望，2012—2020》（*Social commerce strategy and outlook，2012–2020*）研究报告显示，全球社会化商务的市场收入一直在稳步增长，如图 1-4 所示。从

2017 年 7 月中国互联网协会微商工作组公布的《2017 年中国社交电商和微商行业发展报告》的数据来看，微商行业的总体市场规模（图 1-5）和从业人数（图 1-6）都呈增长态势，表明中国社会化商务市场依然会高速迅猛发展，绝对发展速度依然领先于传统电子商务等其他商业领域。由此可见，社会化商务在未来社会经济发展中将发挥巨大的潜在力量。因此，本书从社会化商务参与者的视角出发，旨在探索社会化商务为什么（why），以及是如何（how）发展成为如此具有潜在影响力的商业模式的。

表 1-1　电子商务、社交网站和社会化商务的比较

比较对象	商务目标	顾客连接	系统交互	活动	平台
电子商务	商务效率最大化	独立地	单向	复杂搜索；一键购买；产品推荐	亚马逊；淘宝
社交网站	社会化互动	交互地	多向	发帖；共享；评论	Facebook；Twitter；人人网
社会化商务	社会化互动和商务	交互地	多向	互动交流；协调合作；信息共享；购物	微信；ThisNext；Kaboodle

　　传统电子商务平台（如亚马逊、淘宝）的主要目的是销售商品，而不是建立、保持与其他用户的交互关系[1]。然而，社会化商务平台可以弥补这一不足，完善这种功能，增强用户体验。它融合了电子商务（产品/服务交易属性）和社交媒体（社交属性）的双重属性，这能够使用户同时联系到产品/服务和人，而不单单是传统电子商务或社交媒体中的单一属性。在社会化商务平台中，用户既可以利用

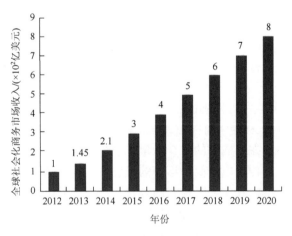

图 1-4　全球社会化商务市场收入

资料来源：*Social commerce strategy and outlook*，2012–2020

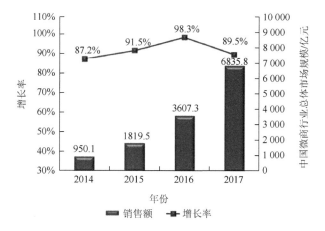

图 1-5　2014～2017 年中国微商行业总体市场规模变化

资料来源：《2017 年中国社交电商和微商行业发展报告》

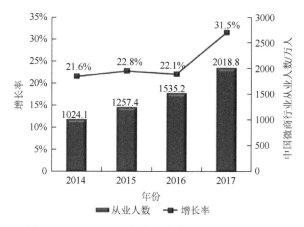

图 1-6　2014～2017 年中国微商行业从业人数变化

资料来源：《2017 年中国社交电商和微商行业发展报告》

传统电子商务的功能（如产品照片描述、在线支付），也可以同时享用社交媒体功能（如在进行购买决策时与在线好友/朋友圈实时分享、互动）。

　　社会化商务的发展在依托于信息技术、植根于信息技术的同时，又融合了社交媒体技术，应用了社交网站的功能。从概念层面上，对社会化商务的研究需要检验它所具备的电子商务的"商务特征"与社交媒体的"社交特征"的联合影响效应，即信息技术与社交媒体技术是如何促使社会化商务平台发展成为新兴的社会化商务平台的？信息技术与社交网站功能又是如何联合影响用户的社会化购买行为的？因此，在社会化商务作为一种新兴的商业模式出现的今天，如何维持其迅猛的发展态势，保持其持续稳定的价值创造优势，对于社会化商务的运营商而言是极为重要的问题。研究者应该从多角度全面地分析有哪些因素影响用户的社会化购买行为，识别其关键作用因素，揭示用户参与社会化购买的行为规律和作用机理。因此，本书提出了影响用户社会化购买行为的因素及其作用关系的问题，致力于从多角度探索影响用户开展社会化购买行为的过程因素，以及各因素之间的潜在影响关系，试图在理论上弥补现有文献对社会化购买行为的研究的缺陷，以及拓展社会化商务议题研究的理论贡献，也期待在实践上为社会化商务的参与者（如买家、卖家、平台设计者等）更好地开展社会化购买行为与改善平台设计提供理论参考依据。

1.1.2 问题提出

社会化商务作为一种新兴的商务模式激发了研究者和实践者的兴趣。然而，对社会化商务研究进展的推动很大程度上还是源于实践的发展，理论研究还在起步阶段。不同于传统电子商务，社会化商务的目标不单单是商务导向，除此之外还有社交导向。社会化商务平台要同时完成这两个层面的活动任务，依托的是信息技术。随着信息技术的不断创新与升级，如何调配信息技术功能和目标导向的社会化购买行为之间的关系也正诠释着社交媒体新形式演变态势下的机遇和挑战。

社会化技术运用到电子商务中，促进了商务形式的创新。那么，信息技术是如何促进社会化商务发展的呢？用户又是依托信息技术的哪些功能，如何参与社会化商务活动的呢？回答诸如此类问题，研究者需要考虑社会化商务平台是如何促使用户同时实现"购物"和"社交"的目标的，需要重新认识促使社会化商务活动得以顺利实现的技术功能保障。现有文献已经指出了部分社会化商务涉及的信息技术功能的通用设计准则（如参与性、系统质量）和用户的通用感知［如感知有用性（perceived usefulness）和感知易用性（perceived ease of use）］之间的关系。然而，现有研究对社会化商务中用户的特定目标和社会化商务信息技术之间的关系如何影响用户购买行为这一议题仍然缺少详细的剖析。因此，在研究中不能单单从宏观的视角考虑社会化商务的技术特征，还需要同时考虑这些技术特征与用户目标行为实现的关系。信息技术可供性（information technology affordance，ITA，简称技术可供性，即行为在用户意图和信息技术能力作用下实现的可能性）为阐述具体的信息技术功能能否以及如何对用户的具体行为产生直接或间接的影响，提供了很好的理论解释。那么，技术可供性如何应用到社会化商务研究中呢？它又将如何影响用户的社会化购买行为？分析发现，现有文献对可供性的研究还主要集中于对其概念进行解释和将其作为理论基础进行解释的研究，很少有实证研究将该理论应用到社会化商务情境中来解释上述问题。

社会化商务的发展还依赖于社交媒体、社交网站上的关系网络。冯娇和姚忠指出社会关系是社会化商务的基础[2]。事实上，学者和实践者很早就意识到社交网络对顾客购买行为的重要影响。报告显示，将近33%的社交网络用户根据他们朋友的推荐进行相关产品、品牌、服务的选择和购买①；有将近86%的企业管理者认为社交媒体在他们的商业经营中占有不可或缺的地位，而隐藏在社交媒体使用背后的关系网更是企业发展和拓宽产品宣传渠道的重要力量。实际生活中，消费者在他们的购物过程中也非常希望利用他们的社会网络关系进行咨询，参考亲人、朋友、意见领袖的意见，继而再做出购买决策。例如，移动社交电商平台萌店公布的2015年"双十一"当日成交额为1.65亿元，社交关系分享成交额占比为23%，这意味着将近4000万元的成交额来自萌店用户在各类社交平台的关系分享②。因此，用户关系对社会化商务发展具有重要影响。然而，由于在线商务情境中交易的不确定性，买卖双方多是一次性交易关系，形成"回头客"交易关系的很少。因此，如何促进买卖双方关系形成，以期助力社会化商务交易，甚至使买方进行持续性购买是本书考虑的一个关键问题。社会化商务参与的主体是具有行为能力的人，由于人与人之间在各方面存在很大差异，因而形成的关系类型也存在差异。人的社会关系按关系强度分为强关系（strong ties，ST）和弱关系（weak ties，WT），那么，是否不同的关系强度对用户的社会化购买行为的影响也会不同？目前，缺乏对关系是如何形成的研究，对不同关系类型在社会化购买行为中扮演什么角色的探讨也不多。这是本书试图加以实证的另一个关键问题。另外，社会化商务源于多学科的交叉发展，影响社会化购买行为的因素因而也具有多面性。社会化商务融合了社交与商务的双重属性，本书认为社会化购买行为还会受到用户心理上的体验感知的影响。那么，有哪些感知因素会影响用户的社会化购买行为？本书试图给以解释。

基于以上分析，本书旨在解决以下问题。

（1）社会化购买行为如何产生？影响该行为产生的关键因素有哪些？这些因素之间存在怎样的关系？

（2）如何发展社会化商务技术可供性构念？是否存在反映该构念的具体维度？如何测量这一构念及其维度？

（3）技术可供性如何影响用户的社会化购买行为？

（4）社会化商务买卖双方关系如何形成？技术可供性起了什么作用？

（5）技术可供性与关系如何影响用户的社会化购买行为？其作用机理是什么？

---

① Engaged social followers are your best customers: how marketers can leverage social tools throughout the customer life cycle, https://documents.pub/document/engaged-social-followers-are-your-best-customers.html?page = 1, 2015-01-26。

② 《微商平台萌店双11成交1.65亿 社交分享占比23%》，https://www.163.com/tech/article/B8AKJTV6000915BF. html，2015-11-13。

1.2 研究目的与研究意义

1.2.1 研究目的

社会化商务作为一种新兴的商务态势吸引了理论研究者和实业者越来越多的关注。与传统电子商务相比，社会化商务借助社交媒体，引入了更多社会化互动特征，且更依赖于网络成员之间的关系结构。然而，现有研究对社会化商务购买意向（purchase intention，PI）或行为的研究还处于初期阶段，对其影响因素以及各因素之间的作用机制的探索还不够深入和全面，在理论上还不足以系统地揭示社会化购买行为的发展规律。因此，本书基于技术可供性理论、社会资本（social capital）理论、关系理论等理论，探索用户的社会化商务购买意向，揭示其机理，从而为研究者和实践者提供理论指导。具体的研究目标如下。

（1）明确影响用户社会化购买行为的关键因素。用户的参与是社会化商务得以发展的基础，明确影响用户社会化商务购买意向的关键因素是能够有效提高用户社会化商务参与行为质量的基础。本书将从社会化商务发展的实践出发，基于有效的理论基础和客观的数据分析，对用户进行社会化商务购买的影响因素进行辨识，尤其是识别出关键性影响因素，为社会化商务的参与者、运营者、平台设计者以及用户更好地了解、参与社会化商务提供支持。

（2）探索用户参与社会化商务购买的规律和模式，对用户的社会化购买行为进行理论建模。社会化商务同时具有购物与社交的双重属性，本书着眼于社会化商务发展的两大关键要素——信息技术和用户关系基础，从技术角度出发，发展社会化商务技术可供性构念，探讨技术对社会化商务产生的效应（包括技术对购买行为产生的影响以及技术对买卖双方关系形成的影响），以及二者的联合效应对社会化购买行为产生的影响。

（3）全面揭示用户社会化购买行为的过程机理。在社会化商务购买情境中，有多种不同类别的活动渠道可供用户发现产品，如用户连接、产品连接、产品学习、朋友推荐、交易。基于技术功能和社会网络，用户能够进行产品信息分享、产品知识聚集、连接相关的朋友或特定的产品以及其他的活动以实现用户各自的购买目标。用户的社会化购买基于一系列的行为过程，本书在目标（2）的基础上引入了感知因素：满意度（satisfaction，SA）、忠诚度（loyalty，LO）、交互性（interactivity）、感知制度机制有效性（perceived effectiveness of institutional mechanism，PEIM）、感知信息诊断性（perceived information diagnosity，PID）和感知信息意外发现性（perceived information serendipity，PIS）变量，明确了解这一过程的前因后果及中间作用路径，详细揭示这一行为过程得以实现的具体过程机理，为研究者深入探讨社会化商务议题和实践者更好开展社会化购买行为提供理论借鉴和决策支持。

1.2.2　研究意义

本书将社会化商务购买作为科学研究对象，基于技术可供性理论、社会资本理论、关系理论系统地研究了技术、关系如何影响用户社会化购买行为的问题，并探讨了各因素之间的影响关系，系统地揭示了社会化商务购买的过程机制，具有重要的理论和实践意义。

理论意义体现在以下几点。

（1）本书从可供性角度出发，基于可供性理论，探索技术与用户社会化购买行为目标实现之间的关系。这是第一次将可供性理论应用到社会化商务情境中的研究，研究结果拓展了可供性理论的适用边界与应用范围，也为后续社会化商务相关议题的研究以及与其相关的其他领域的研究提供了理论基础。

（2）本书基于可供性理论，立足社会化商务发展的实践，发展了社会化商务技术可供性构念，提炼出六种具体的维度并开发了测量量表。为后续研究者提供了实证研究的工具，进一步丰富和发展了社会化商务领域的研究。

（3）本书基于技术可供性与社会关系两个角度，构建影响社会化购买行为的理论模型，深入剖析了技术对关系形成的促进作用，并实证探讨了二者的联合效应对用户社会化购买行为的影响，这是现有对社会化商务最全面的研究之一，研究结果将丰富和完善现有的社会化商务研究的相关理论，为后续研究者提供理论借鉴。

（4）本书深入剖析了社会化购买行为的影响因素，引入满意度、忠诚度、交互性、感知制度机制有效性、感知信息诊断性和感知信息意外发现性等变量，具体阐述了用户社会化购买行为产生的过程及作用结果，详细揭示了用户选择社会化商务平台的机理。研究结果将拓展现有研究对电子商务的探讨，同时为研究社会化商务这一新议题提供理论借鉴。

实践意义体现在以下几点。

（1）本书可以系统地对社会化商务购买进行解释，能够帮助实践者有效地利用社会化商务平台所具备的技术条件和社会网络关系开展"社交性"和"商务性"活动。

（2）本书的研究结果将为社会化商务的运营商激励更多的用户参与社会化商务活动提供策略建议。

（3）本书能够为社会化商务平台的设计者基于技术可供性理论改善、创新具体的平台可供性功能提供理论指导和思路借鉴。

（4）本书有助于参与社会化商务购买的消费者提升自身的社会化商务购买体验，做出正确的购买决策。

1.3　研究现状与评述

本书旨在探索社会化购买行为的影响机理，整合技术可供性和社会关系两个层面。因此，本书首先对社会化商务的相关研究进行了文献回顾，以明确本书的研究对象。其次，本书将分别回顾技术特征及可供性的相关研究，社会资本和关系与用户购买行为的相关研究。在此基础上，对现有文献进行评述，进而归纳和总结出现有研究的贡献和不足之处。

1.3.1　社会化商务的相关研究

1. 基于社会化商务概念的研究

社会化商务的表现形式多种多样。它既可以电子商务平台为载体，融入社交网络功能，包括中介网站（intermediary website，如 Kaboodle、Tripadvisor）和在线零售网站（online retail sites，如亚马逊）；也可以社交媒体平台为载体，整合电子商务功能，包括社交网站（social network site，如 Facebook、人人网）。不同研究者对社会化商务的概念给出了不同的界定。Parise 和 Guinan 认为社会化商务指的是将社会性、创造性、合作性等方式应用到在线市场中[3]。Dennison 等认为社会化商务就是将口碑（word-of-mouth）应用到电子商务中[4]。Kim 和 Srivastava[5]，Huang 和 Benyoucef[6]认为社会化商务是在电子商务中利用 Web 2.0 技术，如用户生成内容和内容分享（sharing of content）。

同时，社会化商务这一概念涉及多学科的交叉，包括市场营销、计算机科学、社会学和心理学。正是这种表现形式的多样性和复杂性，使得社会化商务在理论和实践中没有形成一致的解释。这也是学者当前对社会化商务进行研究面临的需要解决的主要问题[7]。从学科范围角度分类，学者对社会化商务的定义主要从市场营销、计算机科学、社会学角度展开。市场营销角度：Constantinides 和 Fountain 认为社会化商务是商家将社交媒体和 Web 2.0 作为市场交易工具以促进顾客的决策过程和购买行为的实现[8]。计算机科学角度：Lee 等认为社会化商务在商务环境中的互动平台和在线社区整合了 Web 2.0 技术，是一种在线技术的应用[9]。社会学角度：Kim 和 Srivastava 认为社会化商务是电子商务企业利用基于网络的社区关注以影响顾客的交互行为[5]。

从研究视角分类，现有文献对社会化商务的定义主要包括顾客、商家、交易、综合等四种多模式关系视角。顾客（buyers）视角：Eder 和 Shen 认为社会化商务是一种技术促使的购物体验，即顾客在在线购物时进行的交互活动（如产品发现、产品信息搜集、产品信息共享、团购等）[10]。商家（sellers）视角：Stephen 和 Toubia 认为社会化商务是商家将他们自己的商铺网站与其他的商家网站连接起来共同创造经济价值[11]。交易（trading）视角：Yadav 认为社会化商务是发生于以计算机为载体的个人社交网络中的交易活动，包括需求认知、预购买、购买和后购买四个阶段[7]。综合视角：Grange 和 Benbasat 认为社会化商务是顾客、商家彼此之间（顾客-顾客、商家-商家、顾客-商家）在在线环境中利用相互关联的数字网络结构进行的连接、交互活动[12]。

2. 基于整合视角的框架研究

从整合视角（integrated view）出发，学者开展了社会化商务发展的理论框架研究。Liang 和 Turban 认为社会化商务的整合研究框架应包含研究主题（如用户行为、企业绩效、商业模式、网站设计等）、社交媒体、商业活动、潜在理论、研究结果和研究方法六个要素，其中社交媒体和商业活动是社会化商务的基础因素[13]。Henderson 和 Venkatraman 基于组织视角，提出了组织发展的战略联盟模型（strategic alignment model）[14]，并认为该模式适用于社会化商务发展，认为信息技术（IT）投资、战略匹配、管理架构的设计、人力资源（如 IT 技能）等是社会化商务发展的要素。基于社会化商务多学科交叉的特质，Wang 和 Zhang 利用四分量模型（four-component model）将人、信息、技术、商业四个基础要素纳入社会化商务的整合框架中，同时该框架还考虑了四个要素之间的相互依赖关系[15]。同样以四分量模型为基础，Zhou 等拓展了该框架，将战略匹配纳入研究框架中，认为战略和基础设施之间的匹配关系可以解释为什么有的社会化商务要素成功了，而有的却失败了[16]。

3. 基于社会化商务价值获取的研究

社会化商务和社会化购物都是基于互联网，依托社交媒体技术实现用户之间的产品买卖和服务交易。然而有的学者认为社会化购物不同于社会化商务，前者参与者主要指顾客，而后者主要指卖家。Stephen 和 Toubia 研究了卖家之间如何开展社会化商务以及如何产生经济价值，指出了社交网络发挥的重要作用[11]。

4. 基于社会化商务行为影响因素的研究

现有对顾客社会化商务购买的研究涉及心理学、社会学、市场营销学以及信息系统（information system，IS）等多个领域。在社交特征因素方面，Leitner 和 Grechenig 指出要考虑智能社交购物空间的影响因素，如网站设计及购物环境[17]。

Rad 和 Benyoucef 认为社会化商务的行为过程包括需求识别（need recognition）、产品经纪（product brokerage）、值得信任的评论和朋友网络的力量（trusted reviews and power of friends network）、社会认同（social identity）、购物同步性（synchronous shopping）、商人经纪（merchant brokerage）、购买决策（purchase decision）、购买（purchase）、评估（evaluation）九个步骤，同时这九个步骤也是用户参与的影响因素[18]。

5. 基于社会化商务购买过程的研究

依据消费者参与购买的过程，用户的社会化商务购买过程分为买前、买中以及买后三个阶段。例如，用户购买前的买家选择、商品比较，购物过程中的通过咨询窗口、论坛等与卖家的交流、互动，以及购买后的评价及购物分享。

Rad 和 Benyoucef 将社会化商务的行为过程详细地分为需求识别、产品经纪、商人经纪、购买决策、购买、评估六个步骤，并指出社会化商务的主要驱动因素是用户参与和用户互动[18]。

6. 基于社会化商务平台设计的研究

社会化商务平台是社会化商务发展的载体。比较 Web 2.0 和电子商务的设计，Huang 和 Benyoucef 认为社会化商务网站平台的设计应该包括个体（individual）、对话（conversation）、社区（community）和商务（commerce）四个层次[6]。

1.3.2　技术特征及可供性的相关研究

技术，连同人、信息、恰当的商务被认为是社会化商务发展的四大要素[15]及发展的驱动力[19]。在社会化商务情境下，技术具有多方面的可供性，这些可供性可以促使主体不同目标的实现。在技术对社会化商务的影响方面，学者从不同角度提出了不同的技术特征，如张洪等提出的社交性和自我参照性[19]，Zhang 等提出的交互性、个性化、社交性[20]，Li 等提出的社会化推荐技术[21]。这些技术的提出的确丰富了对社会化商务技术特征的理解。然而，这些提出的技术在逻辑上比较分散，彼此之间未能形成总体一致的逻辑，也没有涉及社会化商务运行中具体的技术特征，因而无法从技术层面了解社会化商务能够实现的具体行为目标。根据文献分析，技术可供性恰好能够在理论上弥补这一缺陷。

1. 基于理论解释视角的技术可供性研究

技术可供性既不是指 IT 对象的属性，也不是单指用户（组织/个体）本身，而是 IT 对象提供给用户的，并促使用户某项行为得以实现的可能性。在现有的研究中，技术功能性还通常作为一种理论解释视角来阐述不同领域的现象。在战略领域，Cao 等运用技术可供性实证探索了商业分析与战略决策制定的关系[22]，指出商业分析技术特性为组织在数据分析和决策支持方面提供了可能性，到目前为止，这是唯一在战略管理领域运用定量（问卷）方法和技术功能可见性探索组织绩效问题的研究。在社交媒体技术研究方面，越来越多的研究开始运用技术功能可见性理论来解释社交媒体技术对组织行为产生影响的可能性。Treem 和 Leonardi 提出了四种社交媒体技术可供性对组织社会化、信息共享的影响，这是首次运用技术可供性从组织层面分析社交媒体应用的研究[23]。随后，Majchrzak 等拓展了信息技术可供性对社交媒体的应用研究，将研究情境从在线知识共享转移到在线公共知识对话（online communal knowledge conversations）[24]。后者的研究强调的是识别具体的促使员工在其工作场所持续参与在线公共知识对话的社交媒体技术可供性，因而该研究理论性地提出了四种具体的社交媒体技术特征，用于解释社交媒体技术是如何改变（促进或抑制）用户参与组织在线场所的知识对话。Boyd 和 Ellison 认为网络技术为传播、记录、放大信息和塑造社会活动提供了新的功能，因而将社交网络看作是网络公众，进而提出了社交网络的四种功能可见性[25]。Nan 和 Lu 则从技术可供性的实现过程角度，讨论了如何利用在线社区的自组织（self-organization）力量处理组织危机，该研究结合复杂理论识别出了四种在线社区的技术特征，拓展了在线社区知识共享的研究[26]。此外，Strong 等拓展了技术可供性的应用领域，从电子健康记录（electronic health record，EHR）与医疗机构的关系中识别出了八种技术可供性，用于分析 EHR 的使用是如何推动组织变革和发展的；同时，该项研究也揭示了 EHR 技术可供性的实现过程[27]。Volkoff 和 Strong 则从批判现实主义的原则出发，将技术可供性看作是一种 IT 相关组织变革过程的特殊发生机制[28]。

2. 基于技术可供性实现过程的研究

用户利用技术的物质属性实现具体的行为目标，但是单单依靠这些属性的存在却不能实现技术的应用和效能，因此，其是否能够实现取决于用户在特定的目标导向下，如何来感知和使用技术的特性。在这种情况下，学者发现技术可供性构念有助于解释信息技术的使用及其使用后果。在此方面，学者主要基于技术可供性的起源、感知和实现过程，从信息对象的传递过程来展开研究。主要研究工作是基于 IS 的分析和设计构建了技术可供性实现的概念过程模型，认为技术对象的用户目标行为效果的实现由技术可供性的存在、感知、实现、效应产生四部分组成，同时，技术可供性信息（information about affordance）以及努力程度（degree of effort）会影响技术可供性的作用过程。例如，Cao 等也指出当组织使用某项技术时，组织的努力提供了该机会成为现实的可能性[22]。Pozzi 等则认为，技术可供性感知和实现的过程主要由认知、识别、行为、效应四个具有前后因果关系的过程组成[29]，例如，技术可供性实现的前提是必须对技术对象有所感知。

3. 基于技术可供性与 IT 使用意愿的研究

Leonardi 指出技术可供性描述了技术对象与目标用户行为之间的交互关系[30]，用户可以描述对技术对象的感知特性和感知价值，相应地，这也会促使用户更好地了解 IS 的技术特征。技术可供性强调技术对象和用户是共生的关系，赋予技术物质的属性。技术可供性能够解释同一技术对不同的个体/组织会产生不同行为结果，以及不同技术对同一个体/组织产生的行为结果也会有不同的原因。Balci 等认为技术可供性概念可用于探索信息技术效应（IT effect），详细地分析、了解影响用户 IT 使用意愿的因素；其通过访谈，将航空公司值机流程信息技术系统的技术功能分为功能性的（functional）、个体性的（individual）、集体性的（collective）和共享性的（shared）四个方面，阐述了在实际不同的用户对象和不同技术特性之中，技术可供性对实际不同用户不同技术特征的使用的表现也有很大不同[31]。

1.3.3　社会资本和关系与用户购买行为的相关研究

1. 基于社会资本理论的研究

社会资本是存在于个体或组织中的能够为拥有它的主体带来收益的潜在社会资源。Ellison 等认为这些资源由于基于不同的主体关系进而表现出差异性[32]。社会资本理论被广泛地应用于各研究层次，包括个体、社区、组织，甚至国家，也被关联于各项积极的社会现象，如有效的金融市场。大量研究表明社会资本，尤其是基于其三个维度（关系资本、结构资本、认知资本），可以解释组织中的知识共享现象以及市场营销中顾客的购买行为。例如，Wasko 和 Faraj 将社会资本作为理论基础解释了在线社区中个体志愿性的知识贡献行为[33]。对个体而言，社会资本可以直接为他们带来有用的信息、个人关系，以及接触圈外非冗余的有价值信息息，如招聘链接[34]；同时社会资本也会增强个体的心理幸福感，如自尊、生活满意度以及经济产出[35]。当前在社交网络的研究中，学者更是将社会资本作为研究个体参与社交网络的主要动机与解释基础[36]。Ellison 等首次将社会资本应用于Facebook 研究，揭示了学生使用社交网络的主要动因是维持其社会资本[32]。由于在线网络关系的形成依托于信息技术（如信息留言、照片分享），因此在社交网络中社会资本的表现形式也呈现出多样性。

在 IS 领域的研究中，社会网络常常作为一种研究方法被用来探讨虚拟社区中用户基于社会资本而产生的交互行为[37]，尤其是解释与个体属性相关的社会关系产生的社会现象。社会资本存在于社会网络中，因此社会资本的实现需要探索社会网络的结构属性。已有的对传统组织的研究强调成员的结构位置对组织其他成员具有重要影响，对结构洞的研究也指出处于网络中心的成员的贡献力度最大[33]。然而，随着社交网络的发展，网络中的任何成员都有贡献的机会，进而发展成为意见领袖。

2. 基于关系强度的研究

不同的社交网络嵌入着不同的关系结构，不同的社会化交互也会因关系程度的差异产生不同的效果，这种程度差异在术语上通常称为关系强度（tie strength）。依据社会学家 Granovetter 的研究，关系强度是指一个网络结构内成员之间绑定结合的效力程度[34]。在测量方式上，关系强度可以在交互时间、互动频率、情感强度、亲密程度以及互惠程度上体现；基于关系强度，Granovetter 将人们的社会资本或关系结构划分为强关系和弱关系[34]。他认为，强关系网络中的成员（如家庭成员、亲密伙伴）具有更大的同质性，成员间有较多的交互时间和更高的互动频率，能提供更多的情感帮助和社会支持；而弱关系中的成员（如陌生人、朋友的朋友）往往来自不同背景，具有相对较少的交流；然而，由于成员间异质性较大，弱关系能为成员提供更多的新颖信息，扩大成员的认知视野。因此，强弱关系为人们提供了不同方面的好处。

社会支持（social support）多用于解释某种社会现象，它为个体或组织的社会化行为提供信息或情感上的支持。能为个体或组织提供社会支持的往往来源于他们的社会关系。对社会关系在社会网络中的应用的研究非常普遍。在在线社会网络中，Bapna 和 Umyarov 指出了来自朋友关系的朋辈效应（peer effect）能使用户增大 50%的购买可能性[38]，因为社会关系会促进用户生成内容，进而会形成网络效应[39]。学者对市场营销的研究指出来自不同关系强度的口碑会对顾客的需求产生重要影响。Aral 和 Walker 实证解释了社会关系强度如何塑造顾客的社会行为[40]。根据 Granovetter 的研究，强关系与情感支持相关，弱关系与信息支持相关，他认为弱关系发挥的作用比强关系更大[34]。后来 Putnam 也强调弱关系更适用于解释社交网络蓬勃发展的原因[41]。因而，当前对社交网络的研究普遍认为正是弱关系的存在才使得社交网络的存在有价值[32]。然而，不同学者对强弱关系强度的作用结果持有不同观点。有的认为强关系承载更强的信任关系与更有价值的交换信息，因而产生的影响更为深刻。Krämer 等也质疑了其他学者对弱关系作用的过分强调，他们通过问卷方法实证检验了在社交网络中，强关系可以提供情感和信息双方面的支持，而弱关系并没有发挥现有文献中认定的强大作用[42]。

在在线交易情境中，依据参与实体的不同，关系也呈现出复杂性，包括顾客（买家）与顾客之间（主要表现为口碑传递）、顾客与商家之间（主要表现为交互），以及顾客与产品之间（主要表现为用户生成内容）的交互。有研究指出不同的交互关系影响着顾客需求，研究者多采用关系强度这一概念来探讨成员之间的关系程度对其产品需求决策的影响。Aral 和 Walker 通过实验的方法，指出网络中的关系强度会影响朋辈成员对产品的采纳[40]。他们发现，由于在在线网络中，用户更容易与其具有强关系的人创造用户生成内容，因而关系越强，对产品采纳的影响越大（如生活在同一城镇中的朋辈对其产生的影响要大于与其在照片中同框过的朋辈产生的影响）。与强关系相比，Levin 和 Cross 认为弱关系更容易使用户获得最新消息和产生新想法[43]，该结果与 Granovetter 指出的由于人们从弱关系群体中获得的信息具有非重复的特性，因而人们更容易从与他们具有弱关系的人那里得知工作信息的观点一致[34]。因此，依据不同强度的社会关系，用户可以根据自身需求，最大限度地与不同社会关系结构中的人进行交互，选择产品，做出正确的购买决策。

在有的研究中关系强度也被称为关系质量[44]。社会交换理论认为人们的行为活动会在某种利益的驱使下进行。当用户间发生物质或精神利益方面的交换时，关系质量会影响到信任，影响到忠诚度，因而关系也会与社会影响等理论产生相关性。例如，Liang 等探索了关系质量如何通过社会影响作用于用户持续使用意向和购买意向[44]。但是在该研究中关系质量的衡量不同于以往研究中所采用的衡量，其维度包括信任、承诺和满意三个方面。这说明学者对关系强度在研究中的应用形式也没有形成统一认识。

1.3.4　研究现状评述

通过文献分析，国内外研究成果的贡献主要体现在以下几个方面。

（1）基于不同视角对社会化商务的概念进行了界定。基于实践而兴起的社会化商务是利用社交媒体平台，将用户的关注、分享、沟通、讨论等社会化互动元素应用在电子商务交易行为中。实践中社会化商务发展迅猛，形式多样，不仅有垂直媒体、社交网站、微博（microblog）、微信等利用移动终端流量优势为电子商务企业提供营销服务的平台，也有诸如美丽说、蘑菇街、淘江湖等专门定位于购物分享的社区，还有线下个体元素的 C2C 行为。此外，理论中社会化商务涉及多学科内容，包括市场营销学、计算机科学、心理学以及社会学等，这使得现有研究对社会化商务的概念界定呈现出多角度、多样化的现象。这些概念在一定程度上促进了研究者与实践者对社会化商务的充分理解，为学者对社会化商务的进一步深入研究奠定了基础。

（2）关于社会化商务的特点达成了共识，即将对社会化商务的研究都纳入了社交媒体和 Web 2.0。社交媒体指的是依托 Web 2.0 基于互联网的应用，Web 2.0是利用集体智慧的平台。尽管不同学者之间存在认知差异，对社会化商务概念的界定不同，但学者都强调社交媒体和 Web 2.0 技术在用户社会化购买行为中提供的关注、分享、沟通、讨论等技术特点，这为学者和实践者深层次探索社会化商务特性提供了研究基础，尤其是为探讨支撑社会化商务行为得以实现的技术条件提供了研究思路和指导。

（3）拓展了可供性理论的应用。近年来，技术可供性引起了越来越多学者的关注，学者开始将可供性作为理论基础应用到社会学领域，并且研究范围比较广泛。研究结果显示可供性理论为社交媒体、社会网络、信息技术的应用提供了较好的解释，这为学者后续研究其他社会现象提供了理论基础，尤其是在 IS 领域。在方法上，大部分学者采用理论演绎、定性分析的方法，将可供性理论应用于不同情境。这为学者进一步采用其他研究方法对技术可供性进行深入分析提供了思路。

（4）以往学者对社会资本、社会关系、关系强度进行了大量研究，对社会资本/社会关系是镶嵌在人们的持久关系网络中的，随时对人、组织产生影响的资源这一认识形成共识。基于不同的研究视角，将社会资本维度分为组织层面的关系资本、结构资本、认知资本，以及个体层面的强关系和弱关系。将社会资本/社会关系作为影响组织/个体参与社会活动的前因变量，为解释不同社会现象提供了理论参考。尤其近年来，学者注意到社会关系强度在解释组织/个体社交活动的参与、购买行为产生方面的重要性，为其进行社会化商务研究奠定了基础。

以往的研究仍存在着有待进一步研究和推进之处，主要体现在以下几个方面。

（1）对社会化商务概念的界定松散。目前对社会化商务的研究处于初级阶段，尽管已有研究从不同角度做出了定义，但当前学术界对该研究尚未形成清晰的概念认识。这在一定程度上限制了社会化商务研究领域的理论发展，也制约了对该领域前瞻性问题的探索。由于社会化商务在学术研究和实践中呈现出积极的发展趋势，因此有必要对其概念进行进一步的明确，弥补现有研究在其概念上的模糊性，从而引导、促进该方向研究主流规范的形成。

（2）缺乏对用户社会化商务行为过程机理的揭示。现有的对社会化商务的研究主要集中于单方面的概念、框架、价值获取、影响因素、行为阶段和平台设计研究，研究成果比较零散，没有形成完整的、系统的研究体系。社会化商务涉及"社交"和"商务"双重属性，这决定了社会化商务行为的复杂性。然而现有文献缺乏揭示用户社会化商务具体行为机理的研究，从而无法在理论上清晰地理解和认识用户的社会化商务参与行为及其规律，也无法为社会化商务实践者提供有效的指导和建议，这在一定程度上制约了社会化商务的发展。

（3）缺乏技术可供性对特定对象具体行为的解释。学者明确了技术可供性的存在及应用，但是并没有指出它如何存在，为什么存在，以及什么因素影响了它对用户目标的实现。大多数研究并没有充分挖掘技术可供性对技术对象与用户之间关系的解释能力。

（4）缺乏对技术可供性的实证探讨。已有的研究多从解释视角出发，将技术可供性作为理论解释某一技术的应用（如社交媒体技术），或某一现象（如自组织在危机管理中的作用）的发生过程，仅仅止于理论性地提出几种适应某种环境的技术可供性。缺乏对技术可供性的操作性定义和方法测量。虽然有部分实证研究，但是大部分是定性研究，如单案例、多案例研究，鲜有研究运用定量方法（实验、问卷）展开实证探讨，以增强该理论解释的普适性。

（5）缺乏从技术可供性视角对社会化购买行为的探讨。已有的文献对组织的研究较多，很少有研究探讨技术可供性对个体的影响。社会化商务依托于社交媒体平台却又不同于社交媒体，它自身具有独特的技术特征，在现有的文献中，较少从技术可供性角度实证探讨社会化商务的研究。缺少对社会化商务中特定用户目标和社会化商务信息技术功能之间的关系如何影响用户行为这一议题的详细剖析。本书提出的技术可供性为阐述详细的信息技术功能能否以及如何对用户个体的行为产生直接或间接的影响，提供了很好的理论解释。

（6）缺乏从社会关系强度视角对社会化购买行为的探讨。当前社会资本作为理论基础被广泛地应用于对在线社区、社交网络的研究，并将社会资本等同于社会关系，忽略二者对社会行为影响的差别。尤其在测量方面，鲜有研究做详细区分，因而在关系强度的测量方面存在很大偏差。此外，学者大多单方面地检验社会资本或关系对用户行为的影响，而忽略了在虚拟社区社会资本能够得以实现的技术支撑条件，即社会化资本或关系如何通过技术建立。同时，也没有研究将用户的强弱关系作为单独的概念区分，大多将关系强度作为一个整体概念来探讨，从而缺乏对社会关系强度的深层次研究，也鲜见从具体的关系强度类型出发对用户社会化购买行为影响进行分析的研究。

1.4　本书的研究内容与结构

1.4.1　研究内容

通过对研究问题的分析和已有文献的梳理，本书整体上基于技术可供性理论、社会资本理论、关系理论，对用户社会化购买行为进行了研究。具体研究内容如下。

（1）发展社会化商务技术可供性构念及识别这一构念的具体维度，并开发其测量量表。针对现有研究缺乏对社会化商务情境中具体技术的探讨，基于技术可供性理论，发展了社会化商务技术可供性构念。采用定性研究[包括访谈、小组讨论、卡片分类法（card sorting method）等]与定量研究（探索性因子分析、验证性因子分析）相结合的方法，依据严格的量表开发程序，确认了社会化商务技术可供性构念的测量题项。

（2）研究技术可供性对用户社会化商务购买意向的影响。基于技术可供性理论，详细阐述了技术如何从可供性的角度促使用户购买行为目标的实现。同时，引入满意度与忠诚度两个概念，深入分析了技术可供性对社会化购买行为的中介作用，构建了技术可供性对社会化商务购买意向影响的理论模型。

（3）研究社会化商务技术可供性对用户关系形成的影响机理。基于技术可供性理论、社会资本理论和关系理论，在前人对技术与关系研究的基础上，引入交互性、感知制度机制有效性，深入分析了技术可供性对买卖双方强弱关系形成的作用机制，构建了社会化商务买卖双方强弱关系形成的理论模型。

（4）研究技术与关系的联动效应对社会化商务购买意向的影响。在前几章节的研究基础上，探讨技术与关系对社会化商务购买意向的影响。基于刺激（stimulus）-机体（organism）-反应（response）（S-O-R）框架，构建了以技术可供性与强弱关系为刺激因素，以感知信息诊断性、感知信息意外发现性为机体感知因素，以社会化商务购买意向为反应因素的理论模型。

1.4.2　研究结构

基于对研究背景、研究问题以及对国内外社会化商务研究现状的分析总结，本书将进一步分析用户的社会化购买行为。在综合考虑社会化商务的特性，以及影响社会化购买行为的各种因素的基础上，本书发展了技术可供性构念，构建了以技术可供性与关系为主要影响因素的社会化购买行为影响模型，以此来揭示用户社会化购买行为规律，为社会化商务平台的设计者和管理者设计、管理平台提供理论依据，为参与社会化商务活动的买卖双方（组织或个人）提供决策支持。全书共分为七章，各章的研究内容如下。

第 1 章：绪论。首先，阐述社会化商务发展的背景，分析实践中亟须解决的问题，提出本书的主要研究问题，并对本书的研究目的和意义进行总结。其次，对国内外相关文献进行梳理总结，在此基础上对现有研究进行评述。最后，介绍本书的研究内容、研究结构、研究方法与技术路线。

第 2 章：数字化时代社会化商务发展运营的理论基础。首先，对社会化商务的内涵进行概念界定，分析了社会化商务的特征、模式分类，介绍了社会化商务的参与主体与价值创造。其次，根据不同的理论视角，提出了社会化购买行为的理论基础，包括技术可供性理论、社会资本理论、关系理论、S-O-R 框架、信息觅食理论（information foraging theory，IFT），并解释这些理论与社会化购买行为之间的关系。最后，在理论分析的基础上，构建本书的研究结构框架。

第 3 章：社会化商务技术可供性构念的发展与量表开发。首先，基于前人对技术对用户行为影响的研究，结合可供性理论以及技术对社会化商务的支持作用，发展了社会化商务技术可供性构念。其次，根据质性研究规范，通过试验性前导访谈、半结构化问卷、开放和轴向编码策略、专家讨论与文献分析相结合的方法识别出了社会化商务技术可供性构念的六个维度：可视性、表达性、提醒关注性、购物导向性、社会化连接性与交易性。最后，根据严格的量表开发程序，采用质性与量化研究相结合的方法，通过条目生成、条目修订、条目评估、条目确定四个步骤对社会化商务技术可供性构念及其维度进行了量表开发，最终确定了 26 个测量题项。

第 4 章：技术可供性对社会化商务购买意向影响的研究。首先，基于技术可供性理论，采用第 3 章发展的社会化商务技术可供性构念，对技术可供性对社会化商务购买意向和满意度与忠诚度的影响，以及满意度与忠诚度对社会化商务购买意向的影响分别进行了理论分析，提出了五个研究假设。其次，通过问卷调查方法收集数据，采用结构方程模型（structural equation model，SEM）对假设进行了验证。最后对研究结果进行了分析和讨论。

第 5 章：社会化商务技术可供性对买卖双方关系形成的影响机理研究。首先，在前人对社会化商务分析的基础上，提出了关系对社会化商务发展的重要性。基于技术可供性理论、关系理论与社会资本理论，针对技术可供性对社会化商务用户强弱关系形成的影响、技术可供性对交互性的影响、交互性对强弱关系形成的影响以及感知制度机制有效性对交互性与强弱关系形成的调节作用等方面分别进行了理论分析，并提出研究假设。其次，通过问卷调查方法收集数据，采用 SEM 对假设进行了验证。最后，对研究结果进行了分析和讨论。

第 6 章：技术与关系的联动效应对社会化商务购买意向的影响机制研究。首先，基于 S-O-R 框架，将技术可供性与关系结构共同纳入社会化购买行为的前因变量，提出了以技术可供性与强弱关系为刺激因素，以感知信息诊断性与感知信息意外发现性为机体感知因素，以社会化商务购买意向为反应因素的理论模型，并提出研究假设。其次通过问卷调查方法收集数据，采用 SEM 对假设进行了验证。最后对研究结果进行了分析和讨论。

第 7 章：研究总结与展望。本章总结了研究的主要工作，分析了研究的不足和未来在社会化商务议题上的研究方向。

1.5　研究方法与技术路线图

1.5.1　研究方法

本书借鉴国际 IS 领域新兴的研究方法——定性与定量相结合的混合研究方法（mixed research method），将设计科学研究范式与行为科学研究范式相结合，从个体用户参与者视角、多学科角度（信息技术、社交媒体、电子商务）、多数据源角度（深度访谈、案例调研、卡片分类、专家访谈与调查、问卷调查等）对研究问题开展探讨。本书具体采用的研究方法如下。

（1）文献研究法。文献研究是开展理论研究的基础。社会化商务尚属于较新的研究领域，通过对国内外社会化商务研究相关文献的梳理，总结了前人在社会化商务领域的研究成果，并发现现有研究的不足，从而提炼本书的研究问题。

（2）归纳演绎法。归纳演绎是理论推理的主要方法，是开展科学研究的逻辑思维方式。归纳是指由个别事物推出一般性的概念或结论。本书基于归纳法，结合实践的访谈和现有研究的结果，归纳出社会化商务可供性的概念，以及识别该概念包含的具体维度，归纳法主要体现在本书的第 2 章和第 3 章。演绎是指从一般性原理出发，推出个别性的概念或研究结论。本书基于演绎的方法，在原有理论、框架的基础上，具体推导出社会化商务情境中具体概念之间的逻辑关系，并构建理论模型，提出合理假设。本书的第 4 章和第 5 章主要采用了演绎推理的方法。

（3）访谈研究法。访谈研究法是根据预先设定的研究计划，访谈者和被访谈者就某一问题直接进行交流的一种定性研究方法。它包括一对一、一对多面访，小组讨论，座谈会等形式。对于探索性研究，通过与被访者深层次的交流，能够获得对研究问题较客观的结果。实践中，社会化商务发展迅猛，用户参与社会化商务购买实践过程的影响因素在理论研究中还没有被充分挖掘。因此，本书在发展社会化商务技术可供性构念、识别其具体维度、开发其测量量表的过程中，充分应用了访谈方法。

（4）卡片分类法。卡片分类法是量表开发过程中评价内容效度的重要方法，通过重复卡片分类，达到测评专家内部评分一致性。本书在开发社会化商务技术可供性构念量表以及完善社会化商务强弱关系构念的测量条目时，运用了卡片分类法。

（5）问卷调查法。问卷调查是本书数据收集的主要方法。本书对所涉及研究变量的测量运用的量表一部分是自开发的量表，一部分是改编的现有文献中的量表。在此基础上形成问卷，经专家翻译-回译程序后进行修正，形成最终的调查问卷。本书的调查问卷主要在网上通过问卷星平台发布，数据回收后，采用相关软件进行分析。

（6）实证研究法。本书在数据定量分析方面采用的主要是实证研究法，包括探索性因子分析、验证性因子分析、回归分析和 SEM 分析。探索性因子分析和回归分析主要应用 SPSS 18.0 软件，验证性因子分析和 SEM 分析主要采用 SmartPLS 3.0 软件。

1.5.2　技术路线

本书的技术路线如图 1-7 所示。

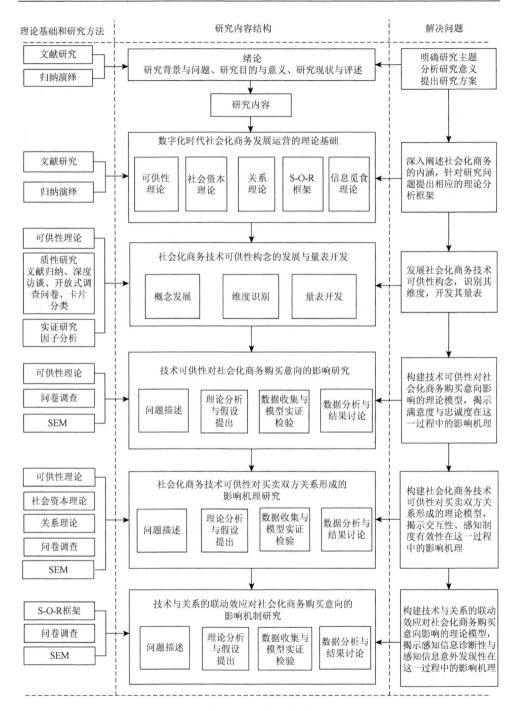

图 1-7　技术路线图

第2章 数字化时代社会化商务发展运营的理论基础

社会化商务是一种新兴商业模式，学者对其理论化的研究还处于起步阶段。当前，对用户社会化购买行为的探索是实践界和学术界关注的重要议题。首先，本章对社会化商务的内涵进行了分析，界定了社会化商务的概念，明确了本书的研究对象和研究边界，归纳了社会化商务的特征、模式分类，阐述了社会化商务的参与主体与价值创造过程，进而将社会化商务与传统电子商务区别开来。其次，本章系统解析了用户参与社会化商务购买的相关理论基础，包括技术可供性理论、社会资本理论、关系理论、S-O-R 框架以及信息觅食理论，在此基础上，从可供性与关系两个视角对用户的社会化购买行为进行了理论分析，解释了这些理论与用户社会化购买行为之间的关系，并以此为基础，对本书的研究逻辑和整体理论架构进行了理论梳理，为本书后续章节的理论建模与实证分析提供理论依据。最后，提出了本书的总体研究思路框架。

2.1　社会化商务的内涵

2.1.1　社会化商务的概念界定

社会化商务也称社交性商务，是社会化电子商务的简称。该概念雏形出现得很早，Martineau 早在 1958 年在其《零售店的个性化》中指出购物是有形产品获得与无形心理需求满足的融合过程，理论中强调消费者在购物过程中诸如享受和娱乐性的体验感知[45]。随后 Babin 等将购物过程的这两种形式首次按照功利性和享乐性进行分类，阐述了消费者的娱乐性心理需求在购物过程中的重要影响[46]。Shim 和 Eastlick 在其研究中强调了购物过程中的社会化属性活动[47]，表明社会化的群体观点有助于用户做出更好的购买决策。雅虎公司在 2005 年正式将社会化商务一词进行推广应用。在社会化媒体浪潮的推动下，大量社会化商务平台在社会生活中涌现，例如，国外的 Pinterest，国内的蘑菇街、美丽说、凡客达人、人人逛街等，并展现出迅猛的发展趋势[49]。

社会化商务借助社交媒体的形式和内容开展商品或服务的在线交易，成为电子商务的一种新的衍生模式，越来越受到研究者的关注。根据 1.3.1 节中以往文献对社会化商务概念的研究可知，不同学者对社会化商务的概念认知存在差异。这主要是因为社会化商务涉及多个领域（如市场营销、计算机科学、社会学、心理学等），不同领域的研究各有不同的理解侧重。市场营销领域，Constantinides 和 Fountain 认为社会化商务是指商家将社交媒体或 Web 2.0 作为市场交易工具以促进顾客的决策过程和购买行为的实现[8]。计算机科学角度，Lee 等认为社会化商务是在商业环境中的互动平台和在线社区对整合了的 Web 2.0 技术的一种应用[50]。社会学角度，Kim 和 Srivastava 主要从社会影响的理论出发，认为社会化商务是指企业充分利用网络社区，探讨社会影响对消费者决策的影响[5]。心理学领域，Stephen 和 Toubia 认为用户在社会化平台购物时会受到来自其社会化网络中其他用户信息的影响，因而认定社会化商务是利用社交媒体和社交网络通过促进其购物过程的社会化互动，提高购物体验的社会化购物环境[11]。

鉴于以上学者从不同领域对社会化商务的认知，社会化商务也表现出了不同的内涵与外延。狭义上，对社会化商务的概念理解主要是关注用户在购买过程中借助社交媒体进行的社会化购物活动，通过对社交媒体的利用，实现在线协作，表现为用户可以通过与其他在线客户的互动获得产品或服务的相关信息或建议。Dennison 等则认为社会化商务就是对电子商务中口碑的应用[4]。Shen 将社会化商务定义为在技术的支撑下实现用户在购物过程中的在线沟通[51]。Curty 和 Zhang 认为社会化商务是以社交媒体为媒介开展的与交易相关的系列活动，用户利用社交媒体在线上与网络成员互动交流，助力其做出购买决策[52]。Wang 和 Zhang 则指出社会化商务是电子商务平台给用户提供社交功能，使用户的购物体验得到提升的一种商务形式[15]。从学者对社会化商务的这些解读中可以看出，社会化商务关注用户之间口碑的影响效应和用户社会化交互的特征。这也是社会化商务与传统电子商务的区别所在，即传统电子商务关注交易，社会化商务关注的是用户在交易过程中的社会化互动。从这一点来讲，社会化商务购买（社会化购买）是社会化商务活动的一个子集，它不能涵盖社会化商务的全部活动（如不涵盖利用社交媒体进行的产品研发活动）。广义上，对社会化商务的理解多从电子商务发展的角度展开，认为社会化商务是利用社交媒体技术在电子商务基础上的延伸。Parise 和 Guinan 在广义上将社会化商务定义为在线商务环境中更社会化、创新性和协作性的交易方式，市场价值通过用户生成内容的方式增大[3]。Wigand 等则重点强调社会化商务的影响，认为社会化商务是将社会化媒体嵌入商务情境中，从而将商品和服务市场转变为顾客协同驱动市场的一种模式[53]。Stephen 和 Toubia 认为社会化商务是一种基于互联网的社交媒体，能够促使用户积极地参与产品与服务在在线市场或在线社区形式的销售；他们还认为社会化商务的应用整合了在线购物和社交网络，并指出社会化商务与社会化购物的区别在于社会化购物将顾客连接在一起，而社会化商务将销售者连接在一起；他们进一步指出在社会化商务中，销售者作为个体而非企业，通过社会化网络与顾客进行联系[11]。Liang 和 Turban

认为社会化商务是一种应用了 Web 2.0 和社会化媒体技术，通过支持用户在线交互和贡献内容，从而帮助用户获取产品和服务的新兴电子商务，即他们认为社会化商务是电子商务的子集，利用社会化媒体促进电子商务的活动与交易[13]。Wang 和 Zhang 认为社会化商务是一种结合了社交网络活动与电子商务活动的新兴电子商务形式[15]。通过这些定义可以得出，社会化商务不同于传统电子商务的一大特点是其"社会化"的体现，即社交网络功能的使用和用户生成内容的产生。

综合以上分析，本书将社会化商务定义为基于社交媒体技术通过社会化的互动在社交网络平台为实现在线产品和服务的交易进行的一系列行为。

2.1.2　社会化商务的特征

学者对社会化商务的定义大都体现出两点：社群层面的参与和社会化互动对电子商务产生的影响。Liang 和 Turban 认为社会化商务表现出三个主要特征，即社交媒体技术、商业性活动和社区互动，并认为前两者是社会化商务的基础性特征[13]。社会化商务与传统电子商务的不同之处在很大程度上体现在其对社交媒体、社交网络的应用，即社交媒体和社交网络功能嵌入电子商务运营中，表现出明显的"社会化"倾向。它不仅注重产品的传播、销售，也注重人际互动的影响[54]。从对社会化商务的概念界定总结来看，尽管社会化商务的概念界定存在细微差异，但也表现出共同的特征。综合现有文献研究成果[48, 54]，本书总结出社会化商务的以下六个特征，包括社会化媒体技术应用、社会化人际互动、社会化商业意图、信息流动、价值共创和用户个性化体验，如图 2-1 所示。

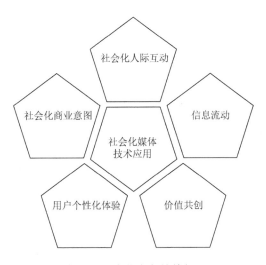

图 2-1　社会化商务的特征

（1）社会化媒体技术应用。社会化媒体技术的应用是社会化商务发展的根本，无论是在传统的电子商务平台嵌入社交媒体功能，还是在社交媒体平台嵌入电子商务功能，社会化媒体技术为社会化商务参与者进行实时、多渠道、个性化的社会交互与协作以及完成社会化购买过程提供了基础平台和运营保障。社会化媒体拥有大量的用户，社交网络平台也有庞大的用户流量，这为社会化商务的发展累积了大量潜在顾客。此外，社交媒体、社交网站强大的技术支持，诸如口碑、转发、分享等功能的使用对用户对社会化商务的认知态度和行为也具有积极影响。传统的电子商务平台对社交媒体的应用是很少的，即便有的电子商务平台植入了社交软件（如淘宝的阿里旺旺），但由于这种互动还仅限于买卖双方一对一的交流，大多数还达不到社会化商务的范畴。在社会化商务平台，社会化商务的参与者，即卖家与卖家、卖家与买家、买家与买家之间都可以通过社会化媒体构建网络连接，创建与分享用户生成内容，创造经济价值，提供相互影响空间。

（2）社会化人际互动。用户间的社会化互动是社会化商务的核心驱动要素，是社会化商务的依托手段与重要前提，也是社会化商务的主要表现形式。社会化互动表现在多方面：社会化媒体的运营者和消费者之间，消费者（买家）与商家（卖家）之间，以及消费者与消费者之间。这三者之间的互动，使消费者可以不断地创造、分享自己的用户生成内容，创造社会化商务价值。

（3）社会化商业意图。商业意图是社会化商务的必要条件与核心动力。社交媒体和社交网站上的活动在本质上并非为了进行商业宣传。例如，用户分享其想法、转发新闻消息、晒照片等行为一般都基于娱乐导向，但在社会化商务平台进行的社会化媒体活动往往与产品传播、买卖行为活动有关。社会化商业意图也是社会化商务平台的终极目标，即用户在社会化商务平台进行的一系列行为可以助力其实现社会化商务购买。

（4）信息流动。用户生成内容是社会化商务的重要资源。社会化媒体为用户生成内容的生成、分享提供了流动平台，这些内容和信息成为社会化商务的内在特征与外在表现。与传统电子商务平台的信息流动不同（一般为单向的广播式传播），社会化商务特别关注用户在社会化互动中产生的用户生成内容与用户贡献内容，而这种内容的流动是基于多用户双向沟通交流产生的，这种双向的渗透可以使用户更好地获得信息，也使得产品信息充分地在用户间传播，使产品在被目标用户购买前就表现出强有力的说服力。

（5）价值共创。信息技术的不断完善和发展，使得商业价值链上的每一环节有效地产生额外的价值成为可能。社会化商务平台的运营模式不再是企业/卖方向消费者单向传达信息、推销产品的模式，而是消费者与企业/卖方共同参与、对话、协作的模式。社会化商务平台上的用户大多来自好友关系的社交网络。用户可以随时随地根据自己的兴趣创建或分享内容，这不仅能够帮助用户过滤冗余信息，还使信息因好友的依附关系显现得更有价值。

（6）用户个性化体验。社会化网络的嵌入为社会化商务用户彼此之间相互影响提升了空间。社会化媒体、社会化网络与商务活动的结合更好地满足了用户社交性、娱乐性、享受性的购物体验。

2.1.3　社会化商务的模式分类

基于 Web 2.0 技术的社会化媒体推动了社会化商务的出现与发展。社会化媒体充分体现了互联网信息聚合与共享的原则，为用户提供了多对多裂变式的信息传播渠道与沟通平台[55]，被认为是社会化商务发展的技术基础[13]。社会化媒体在社会化商务平台中的基本特征表现为消费者生成内容（consumer generated content）、消费者贡献内容和消费者社会化分享。社会化媒体包括社交媒体和社交网站。社交媒体强调的是基于 Web 2.0 技术，能够促进用户内容生产和交互的互联网媒介，包括论坛、微博、微信、博客、SNS（social network services，社会性网络服务）社区、维基百科、百度百科、人人网等。社交网站强调的是基于互联网提供服务的媒体，其中的服务包括：①允许个体通过特定有限的系统建立公开或半公开的个人描述性主页；②允许个体与其他用户建立互相连接的关系圈；③允许用户在该系统中自己的关系圈内自由浏览、分享各自的关系和内容。因此社交网站比社交媒体在功能上更强调互动性，典型代表有微博、微信、人人网、Facebook 和 Twitter。当前，移动互联网业发展迅速，移动商务、移动社交获得了用户的青睐，这使得用户对社交媒体的使用越来越倾向移动端。

对社会化商务形式最直观的理解就是其将电子商务与社交媒体特征进行了融合。总体来讲，社会化商务的表现类型可以归纳为两大类。一种是在社交网站或社交媒体平台植入商业化功能，如在 Facebook、LinkedIn 等其他社交网站向其用户发布产品广告。这种形式也是最普遍的社会化商务模式，即利用社交媒体和社交网站开展与产品销售任务相关的系列活动，包括广告宣传、公关处理、营销和销售、售后服务等。另一种是在传统的电子商务网站（如亚马逊、淘宝）植入社交媒体功能，利用社会化网络的优势扩大电子商务平台与用户的互动范围，提升顾客体验，更好地服务于顾客。

基于不同的社会化媒体类型，社会化商务展现出不同的运营模式。按照具体的展现形式来分，主要有以下三种模式。

（1）基于共同兴趣的社交电商模式。兴趣和分享是社会化媒体的两大重点。用户以共同兴趣为线索聚集在一起，形成"兴趣图谱"（interest graph）。豆瓣网是该模式的典型代表，该网站的基本功能包含记录分享、发现推荐、会友交流，用户的兴趣主要体现在书籍、电影和音乐三个维度。

（2）基于图片加兴趣的模式。该模式是基于视觉分享的社交网站，以图片形式，将自己感兴趣的东西以贴图片的方式将其张贴在页面（钉在钉板）上。图片会以瀑布流的方式在照片墙发布，用户不但可以发布自己感兴趣的图片，也可以转发朋友发布的图片（类似于 Twitter 中的转发），或对这些图片进行归类收藏。国外的 Pinterest、国内的花瓣网是该模式的典型代表。该模式通过拥有可观流量和庞大注册用户的图片社交网站为用户提供图片共享平台，为用户在线收藏和分享提供方便。这种模式操作简单，视觉冲击力大，用户互动性强，容易快速聚集起大量用户。在用户使用收藏服务的同时，商家也能够精确地把握用户的兴趣点和潜在购买意向。

（3）基于社会化分享的模式。社会化商务的用户对广告大多不敏感，但对有相同经历的人会产生兴趣。有相同兴趣爱好的用户在社会化媒体上的推荐、分享会影响其他用户的购买决策。在垂直的领域内，有相同兴趣爱好的人聚集在一个社区，分享各自的购物体验，相互推荐、分享、评论产品。社会化媒体在为用户提供分享平台的同时，也为商家找到了精准客户。这一模式的典型代表是美丽说和蘑菇街。该模式开创了社会化商务的导购模式，典型优势是商业链条短，用户匹配度高。

2.1.4　社会化商务的参与主体与价值创造过程

社会化商务的参与主体包括企业-企业，企业-顾客，顾客-顾客。在互联网和信息技术的支持下，顾客的角色发生了重大改变，顾客也在创造市场价值。社会化媒体的发展为电子商务进入以顾客为中心的价值共创时代提供了发展机遇，使得价值共创成为市场发展的主要力量，价值共创是指顾客参与企业商业价值创造的过程[56]。Zwass 指出价值共创的智慧空间包括四个方面[56]，如图 2-2 所示。在本书中，价值共创贯穿用户参与社会化商务的整个过程，包括企业发起活动，用户直接参与到企业活动中，与企业共同设计、开发、创造与联合使用等行为，以及用户间接地通过用户生成内容的方式影响企业的运作[48]。

2.1.5　社会化商务与传统电子商务的区别

社会化商务是一种社交媒体主导的电子商务形式，应用信息技术，充分利用了用户的社会结构和社会影响机制，是电子商务的主体延伸。如表 1-1 所示，社会化商务与电子商务在商务目标、顾客连接和系统交互等方面都存在差异。同时，

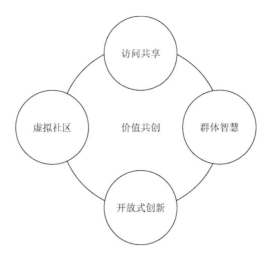

图 2-2 价值共创的智慧空间

社会化商务平台更注重 IT 技术的应用促使的社会化互动，即由 IT 技术促使的用户与平台、用户与产品以及用户与用户之间的交互。社会化商务对产品和用户呈现的是"社会化"搜寻，用户可以通过社交媒体或其社交网络实现对产品和其他用户的社会化连接。此外，社会化商务与传统电子商务的区别不仅在于其社会化元素的增加，还在于其更注重关系基础，包括用户与用户及用户与产品之间形成的社会化商务（数字化）关系（社会化连接），而传统电子商务注重的多是用户（消费者）与产品之间的关系。

2.2 社会化购买行为的理论基础

2.2.1 可供性理论与技术可供性理论

可供性理论源于生态心理学，由美国认知心理学家 Gibson 于 1979 年在其《视觉感知的生态方法》一书中提出[57]。这一概念最初被用来描述动物对外在环境的感知，他认为一块岩石会不同程度地被动物所利用，因为每一种动物对岩石所提供属性的感知不同。虽然，客体的物理特性是独立于主体的应用而存在的，然而，这些特性会因为主体的感知被赋予意义，即体现出可供性的含义。也就是说，可供性是独立于人的物体的属性，但与每个人的感知能力又密切相关[58]。根据 Gibson 的观点可以得出，人们在感知事物有何用之前不会与该事物产生交互行为。体现出客体与主体的作用关系[23]。这一观点在 Leonardi 的研究中被续用，其认为由于技术的物理特征限制了用户对技术的作用力，一种技术的可供性在不同的组织环境下是相同或相似的[30]。一种可供性是否能够引发某种行为，不仅取决于客体的属性（技术的特征），还取决于主体的能力对活动的感知。认知科学家 Norman 从感知性角度将可供性定义为主体感知到的使用客体的方式[59]。随后，他将可供性的概念运用到人机交互领域，并认为感知可供性（perceived affordance）更能恰当地表达这一概念[60]。相较于 Gibson，Norman 更强调一定情境下可以被知觉到的可供性的意义，它不但与个人的实际能力有关，还会受到心理的影响，后来用它来描述在特定环境下主体会意识到的客体将产生某种行为的可能性[30]。学者随后利用该理论探索如何更好地设计新技术[61]，以及探索新技术引起的社会变革的动态性[62]。因此，可供性是客体事物的属性能够给主体带来的某种行为的可能性，且这种可能性的实现与主体感知能力直接相关。

事物的属性往往是很丰富的，同一属性其可供性也具有多方面的表现。事物的何种属性会被我们感知成为可供性，与事物本身的特征、人的能力以及情境密切相关。例如，Warren 提出的经典爬楼梯案例[63]：同样高度的楼梯对于正常的成年人来讲提供了让其向上爬的可能性，而这种可能性对于只会爬行的婴儿来讲并不存在，因而楼梯的可供性因人的能力、感知的不同而不同。这表明可供性描述了多方面的关系结构，这也解释了为什么不能从单一视角来看待可供性理论。需要注意的是可供性塑造着某种行为结果出现的可能性，但却不一定决定着这一行为结果的出现。

在某些情形下，主体可能仅仅感知到客体事物的一个可供性，这种可供性通常是最常用的，同时，可能还是被设计者预设的功能可供性，这种现象在心理学上被称为"功能固着"[64]。例如，电脑上的开关键（on/off button）的功能可供性使用户开关电脑的目标得以实现。这也是设计者预设的功能目标，同时，大部分用户会感知到这种开关任务的可供性。但是，对于某些用户来讲，这些功能特征表现出的可供性会使他们的其他特殊任务得以实现，因而对于他们来讲，客体的功能表现出的是其他方面的可供性。例如，电脑上调节屏幕亮度的按键（F6 键），这种按键的功能设计有明确的技术产出结果，即增强或减弱电脑屏幕的光亮强度。但是用户可能会将此功能当作其节省电脑电量的可供性或通过此功能对屏幕光亮进行调节以减轻其眼部受到的光亮刺激。因此，对于同一客体功能，用户可能会感受到不同的可供性。

技术可供性理论被广泛地应用在社会学研究中，学者用它来描述技术和组织变化的关系。Kane 认为这一概念是指在特定的环境下，组织在技术对象提供的功能作用下能够实现不同行为的可能性[65]。基于这一观点，技术可供性表现出的不单单是人或物体的某种属性，还表现为人和物体共同作用的关系属性。大量研究表明技术可供性理论可以通过这种关系来解释技术如何影响组织行为活动[23, 66]。Treem 和 Leonardi 认为技术可供性理论有四个方面的优势可以用来解释行为活动：

第一，技术可供性表明个体开始使用某一技术或特征有助于解释组织内或跨组织的效应一致性，而避免诱导组织变化；第二，聚焦用户主体与技术对象物理属性之间的关系能够避免在解释组织变化时依赖特权社会决定论，而忽视技术本身的属性作用；第三，技术可供性聚焦于可供性属性，而不是单单关注事物的特征或社会实践，忽视经验现实，这发展了类社会的动态性理论；第四，技术可供性促使研究者注意组织情境和技术特征的交互性行为[23]。在组织实践中，技术的设计使用也呈现出可供性特征。例如，国际商业机器公司（International Business Machines Corporation，IBM）的社交网站"社会蓝"（Social Blue）的"关于你"（about you）的特征。通过该特征，用户可以键入信息作为其部分个人主页展现给其他用户。根据可供性理论，该特征本身的存在并不重要，重要的是它给用户提供了一种新的交流方式，极大程度地促使了用户交流目标的实现。

技术可供性描述了用户、用户对技术的应用，以及用户对技术本身特征的感知之间的交互关系。虽然不同的技术（平台）会表现出不同或者独特的属性、能力或限制，然而对技术可供性的认知精髓在于理解用户对技术特征是如何感知以及应用的[67]。技术可供性理论有助于解释技术的使用及其使用结果，如同一技术会使不同的个体/组织产生不同的行为结果，以及不同技术使同一个体/组织产生的行为结果也会有不同的原因，有助于探索信息技术效应，详细地分析、了解技术对用户行为的作用结果。这一概念运用的重点在于将人们对事物客体特征的关注转移到主体与客体的关系上，即该事物客体能够促使主体实现什么。在探究技术的使用方面，Kane 认为引入技术可供性是非常必要的，他认为企业仅仅拥有或实施某种技术是不够的，不足以获取商业价值，企业的认知需要从单单对技术特征的关注上转变到对该技术特征能够促使企业完成什么的认知上[65]。

近年来，在社交媒体技术使用和采纳方面，越来越多的研究开始运用技术可供性理论来解释社交媒体技术特征对组织行为产生的影响。Treem 和 Leonardi 提出了四种社交媒体技术可供性对组织社会化、信息共享的影响[23]，这是首次运用技术可供性分析组织社交媒体应用的研究。随后，Majchrzak 等将研究情境从在线知识共享转移到在线公共知识对话，识别了具体的促使员工在其工作场所持续参与在线公共知识对话的社交媒体技术特征，用于解释社交媒体技术促进或抑制用户参与组织在线公共知识对话的机制[24]。Nan 和 Lu 则从技术可供性的实现过程角度，识别出了四种在线社区的技术特征，讨论了如何利用在线社区的自组织力量处理组织危机[26]。由于社会化商务平台是基于社交媒体构建的，因此在社会化商务情境中，技术可供性也可以用来解释技术的应用对用户购买行为产生的影响。基于此，本书从可供性理论视角，运用社会化商务技术可供性来探究技术特征对社会化购买行为产生的影响。

社会化商务技术特征会显著地影响顾客行为，不仅会产生积极的影响，还会产生消极的影响。Olbrich 和 Holsing 利用顾客点击数据探究了网站特征与顾客实际购买行为的关系，研究发现标签和评级正向影响顾客的点击率，而推荐列表和用户分类排列越多，用户的点击率反而越低[68]。这表明，虽然这些直接表现的功能增强了网站的黏性，但是功能越是可以直接使用，用户的点击次数越少，说明在社会化商务中用户愿意探索、创新。

2.2.2　社会资本理论

社会资本理论是社交网络研究的焦点，社会资本概念被广泛地应用于社会学研究中。该概念由法国社会学家 Bourdieu 最早提出[69]。他认为社会资本是真实或虚拟地嵌入个体或团体持有网络或制度化关系中的资源的聚合。社会资本描绘了网络结构和社会关系对人们生产生活的影响。社会学、政治科学、经济学、组织行为学的研究已经证明社会资本影响个体和组织的工作效率和效果[70]。社会资本能被概念化应用在不同的社会主体操作层面，包括国家、社会、组织及个人。社会资本是社会主体在社会结构中所处的位置给他们带来的资源，指被个人或社会单元所拥有的社会网络关系或（嵌在社会网络中的）资源。Putnam 认为社会资本是社交网络以及嵌在网络中的互惠和规范[41]。由他们的观点可以得出，社会资本是嵌入网络关系中的一种无形资源。也有研究将社会资本视为一种过程，而非无形资源。Newton 认为社会资本是一种周期性的过程，包括规范、社交网络，以及产生的结果，而这些又会产生规范和社交网络[71]。综合已有研究，本书将社会资本定义为，存在于社会网络中能够为拥有它的社会主体带来利益的一种资源。这种资源对外表现为社会关系，创造、维护该关系是获取社会资本的重要手段。此外，社会资本的表现形式也体现在规范、价值、态度、信仰、信任、互惠等方面。社会资本的作用点主要在于个体资源的影响力，即个体的身份地位对其社会资本获取或制约的作用及影响。研究表明社会资本在组织绩效、找工作、团队有效性、资源交换、产品创新等方面[70]具有积极方面的产出。

在社会资本的分类方面，一种分类是将社会资本看作多维度概念。Nahapiet 和 Ghoshal 将社会资本分为结构维度、关系维度和认知维度[72]。结构维度社会资本是对客观存在的个体之间的网络关系和联系特征的描述，关注的是系统性结构属性，主要用网络连接的数目、强度、网络中心性、网络密度等结构特征来评价。关系维度社会资本主要指嵌入社交网络中的情感或情绪资源，包括信任、规范、承诺、义务与期望等因素。Hsu 和 Hung 认为正是这些关系要素促进了资源的交换[70]。信任是关系维度的首要概念[73]，是与社会结构和文化紧密相关的社会现象。经济学者认为，正是因为信任的存在，基于关系的双方在交易过程中才会彼此信赖，节省由不信任导致的多余成本支出。认知维度社会资本是指促进不同主体之间达成共识、实现共同愿景的资源，包括语言、价值观、共同范式、符号、习惯、文化等。这种分类形式在探究社会资本对资源交换和整合[74]、知识贡献和共享[33, 75, 76]、探索性学习[77]、即时信息应用[78]、持续性行为意向[79]等方面被广泛采纳。以上研究中，学者对社会资本的探索多是将其作为一种网络资源，而非关注其作用结果。在企业经营中，关系对企业经营绩效具有深远影响，进而使社会资本理论更广泛地运用在企业经营中。社会学家 Granovetter 于 1985 年提出的企业社会资本理论阐述了社会资本对企业经营的影响[80]。他认为社会资本对经济活动的影响表现在两方面，一是关系性嵌入，二是结构性嵌入；前者表现为经济活动的参与者嵌入个人关系中，后者表现为众多经济活动的参与者更深更广地嵌入其个人关系网络中[35, 80]。

另一种分类是根据关系强度将社会资本分为黏连接社会资本（bonding social capital）和桥连接社会资本（bridging social capital）。Putnam 认为当不同的规范和网络出现时，就会产生这两种不同的社会资本，并认为这两种社会资本是相关的，并非互斥的[41]。桥连接社会资本具有包容性，当来自不同背景的个体在网络间进行连接时往往产生桥连接社会资本，其中的个体之间往往会形成暂时的关系，这种关系虽然形成了广度却缺乏深度[81]。因此，桥连接社会资本会拓宽个体的认知视野，增加他们对新信息和新资源的识别机会，然而很少提供情感支持。黏连接社会资本具有排他性，它发生在具有很强关系的个体（如家人或亲密朋友）之间，个体之间会提供情感支持或实质性的帮助以及持续性的互惠，个体间异质程度较低，背景差异性较小，具有更强的人际间连接关系[81]。这种划分方式主要是将社会资本看作是一种关系。在现有的文献中，很多研究采用黏连接和桥连接社会资本来表示不同的社会关系[42, 81, 82]。

2.2.3　关系理论

关系指的是两个或两个以上个体之间的一系列交互活动[83, 84]。关系强度反映的是个体之间在活动过程中直接心理上的关系或距离，它体现于个体间的互动频率、亲密程度、互惠内容、共同愿景[85]。社会资本理论认为关系是一种生产性资源，用户能够从不同的网络关系中获利[75]。关系资本能通过社会化的互动建立，是影响用户消费导向的重要驱动力[86]，也是理解用户参与社会化行为的关键要素[2]。杨俊等指出蕴藏在社会网络中的关系是个体开展有目的性行为的一种有价性资源[87]，它有助于用户突破制度障碍[86]，降低制度缺陷导致的高交易成本和不确定性[88]，提高交易的互惠度[83]。尤其在中国文化情境中，关系是人们参与社会的一种资源和一条便捷的路径[89]，关系营销是一种人际关系活动向市场活动或经济活动渗透的自然取向。

社会关系一般指在社会网络中由两个人的交流或互动行为而产生的关系。

来自用户社交网络的社会关系流行性[90]和口碑[91]会对顾客的购买决策产生重要影响。例如，人们常常因"羊群效应"而效仿其社会关系中的人的购买行为去购买一些他们在实际生活中并不需要的物品。相应地，社会化商务的生存与发展也离不开用户之间关系的交互和贡献。以往的研究已经表明，关系为社会化商务的发展提供了基础[2]。在社会化购买活动中，用户能根据他们的关系网络规模的大小而获取不同利益（如增加提前获知有价值的信息的机会，提高体验独特产品或服务的概率）。然而，由于每个用户所拥有的社会关系范式（规模、质量、类别）不同，因而他们从社交网络中获得的信息质量（information quality）和信息数量（information quantity）是有差异的，即获得同样信息的机会是不对等的。

根据 Granovetter[34]的研究，社会关系强度是个体之间在社会关系中的交流时间、情感强度、亲密程度和互惠服务程度上的线性组合。它反映了用户之间的亲疏程度和互动的频繁程度[34, 92]。依据关系强度，可以将关系分成强关系和弱关系两个维度[34]。强关系指的是一种较强的人际联结，人际间交流频繁、关系紧密、互惠度高，有很强的情感因素维系，社会网络同质性较强。弱关系是一种较弱的人际联结，人际间关系并不紧密，互动较少，也没有太多的情感维系，社会网络异质性较强。尽管两种类型的关系在强度上存在很大差别，但二者并不互斥，对个人的益处获得发挥着重要作用[81]。

社会交换理论认为人们的行为活动会在某种利益的驱使下进行。当主体用户间发生物质或精神利益方面的交换时，他们之间潜在的关系已经形成。关系会影响到信任，影响到顾客的忠诚度，也会与社会影响等理论产生相关性。Liang 等探索了在社会化影响理论框架下社会支持如何影响用户的社会化商务购买意向[44]，社会支持的承载主体指的主要就是社会关系。

社会资本理论和关系理论都强调通过个人之间的人际关系获得互惠。然而二者的作用机制有很大不同。社会资本的范围更广，理论意义更深，它不仅包含了人与人之间的人际关系资源，还包含了其他非关系资源。此外，社会资本包含了更多规范的社会机制。因而在社会资本理论视角下，主体或个体获得的利益往往产生于公共机制，也就是社会资本强调个体的力量无法获得的集体利益、群体嵌入或不同的社会成就[33]。关系嵌入的是一种防御机制，是对权威或政治法律不信任的一种反映，即为降低风险而寻求的一种保护，强调的是个体之间互惠的交互[83]。在社会化商务中，一方面，用户往往因为朋友的分享或推荐产生消费欲望，通常情况下，这种欲望并非原发性需求，而是因为关系而产生的被动需求。另一方面，买卖双方也希望通过关系的建立促进当前交易的顺利开展以及后续交易的维持。因而，关系是社会化商务发展的重要因素，对社会化商务的参与者产生着重要影响。

2.2.4　S-O-R 框架

环境心理学的 S-O-R 模型起源于传统的 S-R 理论，该理论解释了个体行为是对外部刺激的一种习得反应。随后，学者证实了不同的个体接受同样的刺激会产生不同的行为表现，这说明主体内在的认知机制对行为存在中介影响，在此基础上，环境心理学家 Mehrabian 和 Russell 在 1974 年发展了 S-O-R 模型[93]，用来描述环境因素对个体行为的影响机制。该模型认为人的行为是由外部刺激引起的，外部刺激会唤起人们的内在机体状态，从而诱导其做出相应的行为反应。拆解来看，该模型由三部分变量组成：前因刺激变量、中介机体变量和行为反应变量。前因刺激变量多由外部环境因素充当，中介机体变量多体现在个体的情感和认知反应变量上，行为反应变量多由表示行为结果的变量充当。该模型的核心逻辑为个体的情绪、认知状态因受到外部环境因素的刺激，而产生了相应的行为变化。

随后，Belk 基于 Mehrabian 和 Russell 发展的模型，提出了电子商务情境下的拓展模型[94]，指出产品及其所处的外部环境情境会对消费者的情绪、态度、认知等内在状态产生影响，这种影响与消费者的购买决策（趋近或规避）直接相关。在市场营销的研究中，Donovan 和 Rossiter 发现商家的店铺环境会对消费者的情感产生影响，然后这种影响会引发消费者的直接购买行为[95]。学者还将 S-O-R 模型与其他理论结合解释消费者的购买过程。例如，基于 S-O-R 模型和沉浸理论，以微信营销环境为情境，薛杨和许正良构建了以企业发布的信息内容和平台特性为刺激变量，以微信沉浸为用户心理状态，以用户阅读、评论和转发等行为为反应的研究模型[96]。在虚拟社区知识共享行为的研究中，张敏等探究了影响虚拟社区用户知识共享行为的因素及其内在作用机理[97]。徐孝娟等通过 S-O-R 模型，对线上线下的营销环境、消费者行为进行了研究，并基于研究结果对店铺环境改善、网站改善、品牌宣传等提出理论性的建议[98]。近年来，S-O-R 模型为理论化解释消费者的购买行为过程提供了研究框架[20, 84, 99-101]，然而，学者对 S-O-R 各因素的探索角度各有不同[19, 99, 100, 102]。

在社会化商务情境中，技术和关系结构起到了外在环境刺激作用[20, 84]。一方面，技术的应用为社会化购物平台的成功搭建、运营提供了保障；另一方面，关系结构为用户社交性和互动性的实现提供了依托和基础，二者共同构成了社会化购物的外在环境刺激。无论用户是通过技术由自己获得对产品的了解，还是通过来自社会网络的关系获取对产品信息的掌握，最终左右用户形成购买决策的都是用户对产品流动信息的认知程度。这种认知一方面源于对产品信息有意识地获取，另一方面源于无意识地偶然发现。本书认为对产品信息的诊断性和意外发现性是唤起用户做出购买反应的内在机体状态。社会化商务购买意向则是用户社会化购买行为的反映。考虑到 S-O-R 模型对社会化购买行为研究的适用性,本书将其作为探索社会化购买行为驱动机制的研究框架,构建了以技术可供性和强弱关系为"刺激",以感知信息诊断性和感知意外发现性为"机体",以社会化商务购买意向为"反应"的理论模型。

2.2.5　信息觅食理论

信息及信息搜索是影响用户在线购买决策的重要因素[103]。信息觅食理论起源于觅食理论。觅食理论是生态学家和人类学家为了模拟和解释动物在觅食过程中的行为而提出的一种理论。随着互联网的发展和搜索引擎技术的出现,用户在网上搜索信息的行为和动物的觅食行为有着异曲同工之处,因此出现了信息觅食理论,用以描述用户如何评价及跟踪环境中的信息线索以获取有价值的信息[104]。信息线索在信息觅食理论中具有非常重要的地位[105]。在信息搜寻过程中,人们会以时间、努力付出的最低成本与获得的最大信息收益的比值作为选择标准,对信息的收益以及为获得该收益付出的成本进行评估,进而对是该停留在当前信息斑块还是继续搜寻信息做出抉择。在理论上,信息觅食理论的应用是通过建立模型的方式对人在信息环境中的信息搜索行为进行解释和模拟,其基本模型主要包括信息斑块模型、信息菜单模型和信息线索模型[106]。由于社交网络参与群体具有差异性,在平台上呈现的信息也呈现出多样性和复杂性,对信息线索的认识和理解的差异都会对用户获取的信息,以及最终的行为产生不同的影响。用户的信息获取过程具有自适应性,表现出两种体验:一种是诊断式的,一种是意外发现式的[107]。社会化的信息共享为用户提供了多样化的信息获取途径,降低了信息获取成本。然而,不同的信息来源会使用户产生两种不同的信息体验感知。

一方面,对感知信息诊断性的感知评估是当前研究消费者购买决策制定的重要方面[84]。感知信息诊断性指的是消费者认为其购物体验中的某一方面有助于其对产品做出评估的程度[108]。信息来源可信度理论认为若信息的来源具有一定的可信度,信息接受者就更倾向于被信息本身说服。所以信息来源可信性是信息接受者评估信息真实性的有效方式[109]。在社会化商务情境中,社会化商务技术可供性以及蕴含在用户关系结构中的强弱关系是用户获得产品信息以及对产品做出评估的主要途径,它们会对用户的感知信息诊断性感知产生不同的影响。这种刺激会诱使用户对产生于社会化商务交易过程中的信息进行诊断评估,因此用户的感知信息诊断性感知是一种内在机体状态,它涵盖获取、了解、评估产品信息等系列过程。鉴于此,感知信息诊断性感知在本书中指的是用户感知到的(社会化商务平台的)技术特征和关系结构对其充分有效地了解产品信息的帮助程度。

另一方面,社会化商务植根于社交网络,丰富的社会化互动赋予了用户在社会化商务中更多的意外发现。在文献中该概念被描述为"惊喜"、"意想不到的发现"或"偶然发现"。Agarwal 认为意外发现是找到相关信息的一种机会，这种机会既可发生于无目的的搜寻中，也可存在于有目的的主动寻找中[110]。对用户来讲，这种意外发现不仅是一种新奇的产品信息获取体验，能够使用户获得额外的愉悦感和满足感[107]，也是一种重要的直接影响用户做出购买决策的内在机体因素。信息觅食理论认为用户在搜寻信息的过程中会因为意外发现适应性改变他们的搜寻行为及任务，以获得有用信息来最大化实现其目标[104]。在本书的研究情境中，社会化技术可供性与强弱关系能够为用户对产品信息的意外发现创造条件。鉴于此，本书将感知信息意外发现性定义为用户认为的社会化商务平台的技术特征和关系结构有助于其发现在期望之外却有用的产品信息的程度。

2.3　社会化购买行为的理论分析

2.3.1　可供性理论下技术对社会化购买行为影响的理论分析

根据 2.2.1 节对可供性理论的分析可知，可供性是客体能够促使主体特定行为目标实现的可能性。当这种客体针对技术时，技术可供性的含义就是技术能够促使用户特定行为目标实现的可能性。针对社会化商务情境，根据以往研究对可供性的定义和描述，技术可供性体现为技术能够促使用户社会化商务目标实现的可能性，也可以理解为能够促使用户的社会化商务目标实现的特定技术特征/功能。尽管现有研究对可供性没有得出一个一致性的定义，但是可供性为解释信息技术对用户行为产生的影响提供了一个新视角[111]。同一技术对同一个体或同一群体的不同个体会呈现不同的可供性。

从 Gibson 的定义来看，可供性是客观存在的，因为客体自身的存在不需要依赖于价值、意义以及诠释，然而，从主体的角度而言，可供性又具有主观性，需要跨越主客观的障碍，如 2.2.1 节中成年人和婴儿爬楼梯的例子。因而，可供性表达的是行为主体和客体（环境）相交互的观点，不可分割。本书认为可供性是一种关系，是行为主体和客体之间相互作用的共生状态。在传统的电子商务或 IS 领域的研究中，对用户为什么采用某种商务模式以及采纳某种技术，大部分采用的是社会心理学的理性行为和计划行为理论模型，但这很难解释技术采纳后用户和技术的交互关系，而可供性能够弥补这方面的不足。现有的研究多将 IT 的应用作为"黑盒子"，而没有详细阐述各个技术特征的集合体，从而忽略了具体技术特征对用户行为的不同影响[112]。社会化商务基于社交媒体的应用，在表现形式上展现出一部分的技术可供性，然而用户在使用社会化商务的情境中，真实的可供性和感知的可供性往往有所差异。因此，用户在接受和使用过程中会进行适应性调整或者修正。感知可供性强调行为主体与设计客体之间的相互关系，以及这种互动性所发生的环境。社会化商务的发展得益于大量用户的参与和使用，因此学术界和实践界对社会化商务问题都给予了很多关注。由于社会化商务融合了多个学科，因而其承载的技术或表现出来的商业模式的具体特征又具有多样性和复杂性，对其接受和采纳并不单是对新技术的使用或一个新商业模式的参与，对其理解更需要深入了解用户的社会化购买行为目标和与之相适应的技术能力，以及具体的技术客体特征对用户行为目标实现的可能性的影响。

2.3.2　关系对社会化商务购买影响的理论分析

在 2.2.2 节和 2.2.3 节中，本书分别阐述了社会资本理论和关系理论，基于这两个理论，本书主要阐述关系对用户社会化商务购买的影响。

由于社会化商务的主体包括很多，主要有卖家、买家、平台、网络用户和产品，这些主体之间会形成不同的互动关系，表现出不同的互动内容（例如，买卖双方的关系多为就产品展开的交互，买方与买方的关系多表现为口碑宣传）。这种互动的形式和内容会随着平台的发展、用户增量的变化发生转变，也在塑造新型关系，拓宽关系链条，影响着消费者的购买决策。例如，在社交媒体平台出现的直播秀，买卖双方的关系不再仅仅是买卖（或潜在的）关系，他们之间甚至还存在雇佣关系。卖家通过提供卖家秀，或者向网络直播的买家或网络成员支付费用，实现其品牌的推广。关系对社会化购买产生的影响还表现在网络平台意见领袖的作用上。当前，随着自媒体的发展，网红、达人、名人等意见领袖的作用也在凸显，用户随时随地对其进行关注，以期获得专业和个性化的推荐。网络平台用户与其他社会化网络中的对象在社会化交互中的关系不是一成不变的，呈现由散到聚焦的态势，通过不断的关注会发展新的关系，进而会拓展新的关系网，进一步拓宽关系圈。社交网络（如 Facebook、微信）之所以能够成为社会化商务孕育平台，很大程度上是因为存在于社交网络中的不同关系扮演了"信息把关人"的角色。对用户而言，来自不同关系强度的信息会直接影响用户对信息的感知，使用户产生不同的反应。社会化商务是基于社会化媒体的一种新的商业模式，其特征是强调人与人之间的线上关系。在大多数情况下，消费者在购买之前对所要购买的产品已有计划。企业/卖家通过社会化媒体与消费者建立联系，进而将其产品打入消费者心目中的名单，对企业/卖家来讲，这是非常关键的一步。刘宏和张小静基于强弱关系理论构建了社会化商务成员线上线下的互动关系结构，从互动场所、互动方式、互动对象以及互动内容四个方面对社会化成员的互动关系进行了分析[113]。然而，现有研究关于关系强度对社会行为影响的解释并不一致。不同的关系类型在社会化商务购买中扮演着什么样的外部刺激角色，也是本书试图加以实证的关键问题。本书主要关注买卖双方关系，探索在社会化商务平台上，如何形成买卖双方关系，如何增强用户体验，提高购买转化率，进而提高用户对社会化商务购买的使用黏性。

2.4　技术可供性与用户关系对社会化商务购买意向影响的理论架构

本书致力于研究用户社会化商务购买意向的影响因素以及各影响因素之间的内在影响关系，具体揭示社会化商务购买的过程机理。本书从社会化商务发展的两个基本要素，即技术和关系入手，基于技术可供性理论、关系理论和社会资本理论构建社会化商务购买的理论模型。

第一，在技术特征的支持下，用户可以通过社会化商务平台提供的搜索技术直接发现产品，也可以通过其强大的社交网络关系间接地发现产品（如通过朋友分享）。本书认为，技术可供性为用户运用这两种不同的产品发现途径都提供了可能。同时，技术不但为用户之间的连接、关系维持起了支持作用，也为用户间关系的创造提供了条件，即技术能够促进用户与用户之间关系的形成。从可供性角度讲，技术可供性为以上方面活动的实现提供了可能性及条件，如图 2-3 所示。因此，本书首先从可供性角度出发展开研究。发展了社会化商务技术可供性构念，识别了其具体维度并开发了测量量表，为从技术层面研究用户社会化购买行为问题提供了理论依据和测量工具，该内容是本书研究的基础，在第 3 章进行具体研究。

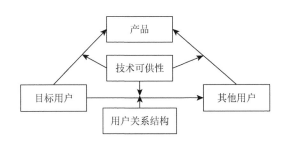

图 2-3　社会化商务情境下用户发现产品的解释模型

第二，在社会化购买情境中，有多种不同类别的活动可供用户发现产品，如用户连接、产品连接、产品学习、朋友推荐、购买交易。基于技术支持和社会网络的关系力量，用户能够进行产品信息分享、产品知识聚集，连接相关的朋友或特定的产品以及开展其他活动以实现用户各自的购买目标。在社会化商务平台中，庞大的网络用户群从不同方面助力了用户购物过程中的社会化互动,买卖双方作为该平台价值创造的两大主体,其在没有连接基础的情况下如何形成关系,是本书探讨的一个重要内容。因此,基于第3章发展的社会化商务技术可供性构念,本书构建了技术可供性对社会化商务情境下买卖双方关系形成的理论模型,具体在第5章研究。

第三,技术和关系是社会化商务发展的两大重要因素,在技术方面,本书聚焦于技术可供性;在关系层面,本书聚焦于买卖双方的关系结构,具体到强弱关系,分别探讨技术影响、关系影响以及两者的联合影响对用户社会化购买行为的影响。为了详细探讨技术和买卖双方关系对社会化购买行为的作用,本书先基于技术可供性理论,引入社会化商务体验感知因素,研究了技术可供性对社会化商务购买意向的影响,具体在第4章进行,是第3章内容的应用延伸。

第四,技术和关系虽然是两个层面的因素,各自发挥着不同的作用,但二者也会共同助力用户的社会化购买行为实现,产生 1 + 1 > 2 的效应。因此,除了具体探讨技术和关系对社会化购买意向的影响,本书还研究了技术和关系共同对社会化商务购买意向的作用机制,基于S-O-R框架和信息觅食理论,从信息内容的获取角度,详细揭示了用户参与社会化购买的行为过程。具体内容在第6章研究,是第3章至第5章内容的进一步深入。

综上,本书的研究逻辑是:首先,发展适合描述社会化商务技术特征的构念,基于理论分析,从可供性角度切入,发展社会化商务技术可供性构念及测量量表;其次,检验技术影响路径对社会化商务购买意向的影响以及技术对买卖双方关系形成的影响过程;最后,检验技术与关系的共同作用对用户社会化商务购买意向的影响。

总体研究框架模型如图2-4所示。

图 2-4 研究框架模型

第3章 社会化商务技术可供性构念的发展 与量表开发

技术可供性在 IS 领域的研究中得到了越来越多的重视。学者多用这一理论/构念来解释与社交媒体相关的行为以及概念化阐释与 IT 相关的人机互动行为。但是在社会化商务情境中，还未见对这一构念的研究。原因可能是现有文献缺乏对这一构念的明确定义以及对这一构念的有效测量。本章首先将技术可供性作为理论视角切入社会化商务研究中，为弥补现有研究的不足，概念化发展了社会化商务技术可供性这一构念，并依据规范的研究程序识别出该构念所包含的 6 个维度。其次通过混合研究方法，包括定性与定量分析方法，进行了严格和完整的量表开发和验证程序。最后确认得出技术可供性的 26 个测量题项。本章是实证研究部分验证技术可供性影响的基础，是本书后续实证研究技术可供性对社会化商务购买意向影响的前提。

3.1 社会化商务技术可供性构念的发展

研究表明，技术的使用会影响用户的行为[114]。通过对用户接受、采纳技术行为的规律分析，学者已经发展了一些理论（如计划行为理论、技术接受模型）来解释用户为什么会以及如何采纳新技术[115, 116]。技术对推动社会化商务的发展起了不可估量的作用[15, 117]。从技术可供性角度考虑，社会化商务在如何利用技术来实现社会化的购物目标方面提供了新的见解。这种 IT 功能和以社交网络活动为导向的行为活动之间的关系恰恰反映了社交媒体面临的机遇和挑战[118]。IS 领域现有的研究文献已经识别了 IT 功能的使用和一般意义上用户的感知关系，如感知有用性和感知易用性[6, 117]。然而现有的对社会化商务的研究中，没有一个确切的概念能够体现社会化商务目标导向的用户行为和 IT 技术特征之间的协同关系。近年来，技术可供性构念加深了 IS 研究者关于 IT 对组织或个体用户行为的影响效果的深层次理解[119, 120]。本书认为技术可供性为描述 IT 具体的内涵以及其直接或间接对社会化商务用户行为的影响提供了自然的理论解释，该理论能够深层次揭示社会化商务中技术的影响与作用[121]。因此，本章在技术可供性理论的指导下来理解在社会化商务情境下 IT 可能支持的目标行为。这有助于我们深刻地理解以技术可供性为支点,用户如何感知社会化商务情境中的行为过程和特性。然而,根据 2.2.1 节的理论文献回顾可知,对技术可供性的研究还处于起步阶段,鲜见对社会化商务技术可供性实证探索的研究。现有对技术可供性的研究主要还聚焦于对其概念基础[23, 24],以及作为理论基础的应用的探讨[31]。相应地,大部分对技术可供性的研究主要聚焦于对其概念进行界定或开展定性研究[122]。然而,很少有实证研究将技术可供性理论应用到社会化商务研究中。为深入挖掘这一点,本书认为缺少对社会化商务技术可供性的构念发展以及恰当的测量工具是技术可供性在社会化商务实证研究中匮乏的主要原因。因此本书试图弥补现有研究中的缺陷,发展社会化商务技术可供性这一构念。

技术可供性现多出现在 IS 领域的研究文献中。IS 领域的研究者从不同角度在不同的情境下对技术可供性进行了不同的概念解释。学者认为用技术可供性来探讨 IT 的使用是很恰当的[24, 66]。由于主体在意识或感知到客体能为其带来某种效用前并不能够直接和客体产生互动,因而技术可供性用于描述客体和主体之间的关系。近年来,该构念用来描述在技术支持下,主体可意识到的某种行为能够发生的可能性或用以暗示某种行为容易出现的可能性[30]。在 IS 领域的研究中,学者认为研究的初衷不应脱离 IT 的范畴[123],即在研究中明确地阐述 IT 的作用是很有必要的。社会化商务的创新发展在很大程度上得益于信息技术。正是对信息技术的恰当运用才使社会化商务展现出"商务性"和"社交性"双重属性。技术具有多方面的属性,依据用户对技术使用的不同情境,这些属性能够促使用户实现不同的行为[119]。据此,本章试图从技术功能性角度探索 IT 的使用对用户社会化商务行为产生了哪些贡献,以及促使了用户何种具体行为的实现。根据 Majchrzak 等的研究,可供性理论能够为解释 IT 和用户在社会化商务情境中的互惠关系提供理论基础[24]。此外,本书提出的社会化商务技术可供性符合 Earl 和 Kimport 提出的可供性使用需要满足的两个前提:能够在社会化商务情境中明确地阐述 IT 的作用;与传统的电子商务活动相比,能够识别出 IT 支持的用户社会化商务的主要行为活动[124]。同时,对这两个问题的深刻认识也为在社会化商务情境中拓展技术可供性构念提供了前提和基础。

以往的研究在探索技术可供性这一构念时,多从多方面体现技术促使的社会性活动的动态性变化[23, 125]。这为本书发展社会化商务技术可供性构念提供了理论基础。同时,可供性相关的文献也为发展社会化商务技术可供性这一构念提供了基础。根据以往研究对技术可供性的定义和描述,本书同时考虑社会化商务用户的能力和购物行为目标,将在线社会化商务技术可供性(technology affordance in online social commerce)定义为用户在特定技术支持下能够实现其社会化商务购物行为目标的一种可能性。在社会化商务情境下,通过整合电子商务和社会化媒体的特征,技术可供性能够促使用户同时接触到产品和人,实现社交和购物的双重目标。用户在做购买决策时既可以依赖传统电子商务的特征（如产品图片及描述性文字），又可以借助社交媒体的技术特征（如实时与在线好友沟通）。

虽然对社会化商务技术可供性构念进行了定义，然而，单从定义上还不能充分理解该构念的内涵组成及结构。需要深度挖掘社会化商务技术可供性的具体组成，以有效、充分地理解社会化商务活动的技术可供性。从现有研究来看，为了理解 IT 对用户行为的影响效应以及探究技术可供性如何在不同方面影响用户对 IT 的使用，针对不同的情境，部分学者在组织层面与个人层面已经分别识别出了技术可供性的不同维度[23, 24, 27, 28]。然而，这些维度不能够完全适应社会化商务情境，同时，也未见具体的量化指标来测量这些维度。因此，本书接下来将针对社会化商务情境的特性，识别社会化商务技术可供性构念的具体维度，然后为其设计有效可信的量化测量工具。

3.2　社会化商务技术可供性构念的维度识别

3.2.1　维度识别设计

在当前的购买平台中存在着大量技术功能以支撑用户的购买行为（如用户评价功能、产品推荐功能、产品评级功能等）。因此，购买平台的成功与否很大程度上取决于该平台技术功能选取得是否得当。现有研究已经指出，如果能够在社交性平台中多方面整合各种互补的技术，社会化商务活动将会发挥得更加有效[6]。然而，当前很少有研究关注如何选取支持社会化购买这一特定商务环境的技术特征，也很少有研究针对某一平台构建综合互补性技术的选择标准。因此，在社会化商务情境中，如何识别出技术可供性的各项指标，并将各项指标的维度特征理论化，将对社会化购买理论和实践的发展具有重要意义。

本章结合 IS 领域中的两种流行的研究范式——设计科学范式（design science paradigm）和行为科学范式（action science paradigm），提出社会化购买环境中技术功能的选取标准，理论化探索社会化购买情境中的具体技术可供性构念的维度。根据 Takeda 等[126]的"模型设计过程"，本书在宏观层面从"问题解决的观点"（problem-solving view）出发，结合现有的知识储备和实践经验，遵从问题提出、问题建议、发展、评估、结论五个设计流程（图 3-1），理论化构建社会化购买环境中的技术可供性构念维度。第一步：问题提出。通过文献分析，找出现有研究中对社会化购物环境中技术可供性的分析，明确本书提出的理论化构建技术可供性构念维度的问题。第二步：问题建议。通过对社会化购物平台的理论化探索和实践运营的了解，探索性地提出适用于第一步的概念。第三步：发展。设计解决问题的准则——第二步中提供的概念是否能够从不同角度解决第一步中的问题（这里主要指第二步中提出的概念是否能够全面地解释社会化商务平台的技术功能）。第四步：评估。通过不同角度和方式评估第二步和第三步的流程，如各概念的对比分析，与实际平台应用功能的匹配分析等，如果评估没有达到预期效果，需要返回第一步重新开始另一个设计流程。第五步：结论。通过前四步流程的设计，做出采纳决策。

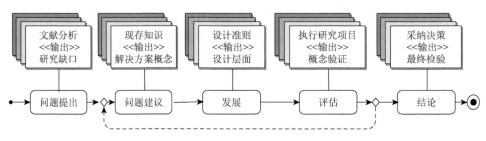

图 3-1　社会化商务技术可供性指标宏观设计周期

资料来源：Takeda 等[126]

3.1 节已经对社会化商务技术可供性进行了概念界定，接下来考虑的主要问题是：技术可供性是否具有多维度的内涵，这些维度如何与技术可供性相关联，以及维度之间又有什么联系。根据现有理论分析，由于不能够用一个维度来刻画技术可供性构念所涵盖的社会化商务复杂的属性，本书认为技术可供性不是单维度的构念[127]。与其构念相一致，社会化商务技术应包含多方面的属性特征，这些不同的特征恰好促成了用户社会化商务目标下不同行为活动实现的可能性。然而，很少有研究探讨过这些具体的技术特征如何促使用户参与社会化商务活动（例如，IT 如何降低用户了解产品信息的成本）。在 3.1 节的基础上，本书已经总结了现有文献中识别出的用技术可供性解释 IT 特征和用户关系的维度，包括：可视性、持久性、编辑性和连接性；表达性、提醒性、网络通知性和角色产生性；组装性、确认性和结合性等。然而，由于社会化商务自身的特质以及特殊的社会化购物情境，这些维度确实不能够完全，甚至大部分涵盖社会化商务情境中的技术特性。因此，有必要对社会化商务技术可供性的具体维度进行详细识别。根据 Friedrich 等的研究[128]，本章提出了目标导向的社会化购物环境中具体技术可供性的策略设计方法（strategic design method of specific technology affordance in a goal-oriented social shopping environment），设计了微观层面的维度识别标准，具体程序如图 3-2 所示。

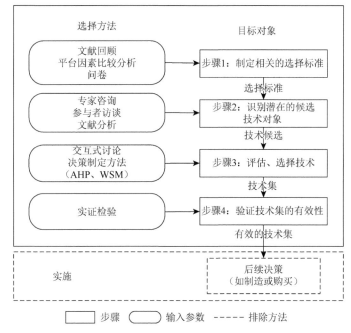

图 3-2　社会化商务关键技术功能性的微观选择标准

AHP 为层次分析法（analytic hierarchy process），WSM 为基于网页的系统管理器（Web-based system manager）
资料来源：Friedrich 等[128]

3.2.2　试验性访谈

根据 Eisenhardt 对理论构建的阐述，当鲜有研究对某一现象进行关注，或现有研究对某一问题很少进行探讨时，试验性访谈对于理论性探索研究是非常适用的[129]。由于在社会化商务技术可供性问题方面的研究较少，因此本章采用质性研究中普遍运用的深度访谈和小组讨论的方法进行社会化商务技术可供性维度库的建立。这两种方法对于从根源上挖掘涵盖社会化商务技术可供性的特征维度具有重要意义。在本章研究中，深度访谈对象是参与社会化商务的实践者，小组讨论的对象是具有社会化商务研究经验的专家。我们先后访谈了 10 个具有一年以上社会化商务实践经验的实践者。然后先后进行了 4 组小组讨论，共有 20 个专家参与其中，包括教师、博士研究生和社会化商务的实践者。

遵循 MacKenzie 等在访谈前需要准备的访谈提纲[130]，我们提出三个半结构化访谈问题：①您认为促使您完成社会化商务活动的主要技术特征有哪些？②您认为这些技术特征之间有什么显著的不同？③您认为减少其中一个特征会限制您对社会化商务技术可供性的理解吗？除了这三个主要问题，其他的几个问题也有被问及，例如：您如何进行社会化商务活动？您参加社会化商务活动的一般程序步骤是什么？您如何区分您在社会化商务平台上选择的相同商品的属性？在这一过程中，被访者表达了他们对技术可供性特征的认知（如"我能够在我想联系卖家的时候就联系到卖家"），描述了每个特征的特性（如"在社会化商务交易过程中通过'发红包'的方式支付特别爽"）以及他们在社会化商务活动中不同的行为活动（如"当我与朋友聊天时我能够了解到很多新产品"）。访谈一对一进行，每一个被访者持续大约 40 分钟，在征得被访者的同意后，访谈内容由录音笔记录。随后这些录音材料被转译成文本材料，在对这些材料内容进行分析后，我们又通过邮件/电话对材料中的一些内容进行回访，以明确被访者的真实观点。根据 Strauss 和 Corbin[131]的逐行分析（line-by-line analysis）法，先对三名博士研究生进行培训，然后由他们分别对转译的材料内容进行编码。根据被访者的中心意见，先将材料编码成自由节点（free nodes），再结合社会化商务情境的特征，对它们植入与该情境相关的特征词，然后依据社会化商务活动的实际情况对被访者的这些编码内容进行主题分类。通过合成、聚类、分类，最后将这些特征词转入小组讨论，经多轮调和不一致的观点最终达成一致。

3.2.3　文献与访谈结果分析

根据 1.3.2 节和 2.2.1 节的分析，现有文献针对不同的研究情境（如社交媒体情境中的知识共享）识别了部分技术可供性构念的维度。3.2.2 节的试验性访谈也分类出了支持社会化商务活动的重要技术特征。结合文献分析和访谈结果，本章研究更加确认社会化商务技术可供性是一个多维度概念，这些子维度结合在一起才能定义出该构念的内涵特征，因为任何一个维度的缺失或改变都将影响该构念的内涵[130]。

根据开放和轴向编码策略[131, 132]，本章先从访谈结果中确定了几个初始的子维度用以描述主要的技术支持的用户社会化商务活动。首先，对访谈资料进行了仔细的阅读和系统的分析。以原始数据分析为主，形成了主要的开放式编码结果以及可用于后续分析的备忘录。其次，根据 Hoehle 和 Venkatesh 的研究[132]，本书又进行了一轮轴向分析，对概念相同的主题词进行了总结或重命名，以便对开放式编码形成的主题词进行聚类。再次，将这些通过轴向编码分析获得的子维度概念与现有文献中出现的技术可供性的子维度的概念进行关联，并充分考虑它们的相同与差异之处。最后，与专家深入地研究讨论并达成一致。本章理论化识别出社会化购买情境中的六种技术可供性子维度。其中三种与现有文献中的命名相一致（可视性、表达性、提醒关注性），其余三种是针对社会化商务情境重新命名的维度（购物导向性、社会化连接性、交易性）。表 3-1 展示了在技术可供性的支持下，用户社会化商务活动得以实现的具体情况。根据 Bhattacherjee，本书将社会化商务技术可供性作为形成型的构念来测量，将每个维度的测量题项作为反映型来测量[133]。

表 3-1　社会化商务情境中的活动分析

活动类别	解释	支持渠道	
		社会关系	IT 功能
用户连接	通过添加工具，焦点用户可以联系到其他用户或加入另一个群组	朋友	社会化连接性、提醒关注性、可视性
产品连接	用户可以通过朋友推荐或朋友的帖子直接搜寻产品	朋友	社会化连接性、购物导向性、可视性、表达性
产品知识学习	用户可以通过产品知识的共享，或与人和产品的互动聚集产品知识	朋友	可视性、表达性、提醒关注性
朋友推荐	用户可以通过链接或留言的方式推荐产品	朋友	购物导向性、表达性
购买交易	用户在社交性购物平台上可以完成订单支付	用户或朋友	交易性

在已有研究的基础上，本书分别定义了六种子维度的技术可供性，它们分别代表了 IT 能够支持的不同的社会化商务活动能够得以实现的潜在可能性。根据 Nan 和 Lu 的研究，本书从用户意图和技术能力两个方面解释各个指标的内涵[26]。表 3-2 详细展示了这六种子维度的概念解释。社会化商务活动能够有效地展开和实现的确得益于 IT 的支持和帮助，用户在使用 IT 的过程中与 IT 产生交互，这种交互关系产生的可供性促使用户在社会化商务活动中受益。用户能够评论产品，进行实时互动，自组织团购，或从好友关系中获取建议。这种 IT 促使的社会化商务不仅能够将产品属性多方式地展示给用户，也可以使用户主页同产品一样展现在"朋友圈"中。如此，用户能够实现社会化互动、发表产品评论、寻求推荐信息、获取产品更新动态，以及有效地便捷支付。因此，这些技术可供性子维度几乎能够涵盖社会化商务技术可供性在交易过程中所需的所有特征。为深化理解分析，本书以微信购物平台为例，展示了六种技术可供性子维度的信息，如图 3-3 所示。

表 3-2　社会化商务情境中技术可供性子维度的概念解释

子维度	定义	用户意向	技术能力	功能举例	IT 特征
可视性[23]	能够使用户看见与产品/用户相关的信息的可能性	容易获取产品或接触目标用户	对每个用户个体与产品提供唯一的主页	Facebook 上的产品或人员列表	主页
表达性[24]	能够使用户表达自己的想法或回复他人对产品看法的可能性	寻求有价值的目标对象信息	提供发帖或评论工具，如"喜欢""赞""分享"按钮	在 Facebook 或亚马逊上发表评论	评论、反馈、内容分享、留言、评级、转发
提醒关注性[24]	能够通知、提醒用户产品/用户信息的变化的可能性	及时关注目标对象	提醒目标对象的变化	Facebook 上的消息提醒；Google 邮箱的提醒	通知、发现、订阅、新闻推送

续表

子维度	定义	用户意向	技术能力	功能举例	IT 特征
购物导向性	能够提供个性化的推荐服务，帮助用户做出购买决策的可能性	降低寻求满意产品付出的成本	为用户提供个性化和协作性支持服务，如产品推荐和动态的个性化定制	Facebook 上的"你可能认识的人"；亚马逊上的"你可能喜欢的产品"	搜索、留言、跟帖、关注、贴标签、回复朋友列表
社会化连接性	能够建立社会连接，促进用户形成互惠关系的可能性	利用社会网络关系实现价值共创	提供连接产品或用户的"链接"或"添加"工具	Facebook 上的加为好友	添加关注、主页留言、添加好友
交易性	能够使用户完成实际交易行为或过程的可能性	顺利完成交易	提供支付选择，如在线支付或第三方支付	亚马逊的在线支付；天猫网站的支付宝	绑定银行账户

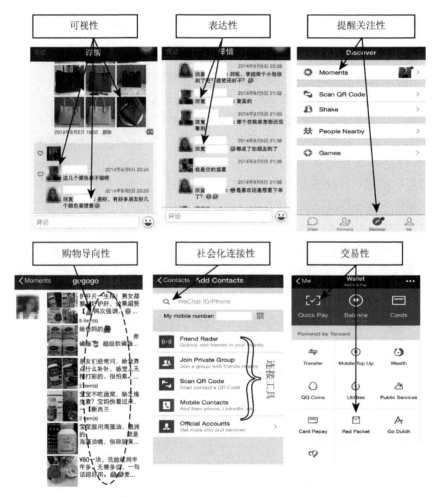

图 3-3　社会化商务平台六种技术可供性子维度的信息示例

3.3　社会化商务技术可供性构念的量表开发

3.3.1　条目生成

在条目生成阶段，首先访谈了 10 位具有社会化商务参与经验的实践者（被访者由 4 名男性、6 名女性组成，其中包括 2 名社会化商务平台的管理者，2 名平台界面设计者，3 名资深买家，3 名资深卖家），以了解他们对技术在社会化商务情境下的买卖交易中所起作用的理解。其中 4 名被访者的访谈以面对面方式完成，3 名被访者的访谈通过电话完成，另外 3 名被访者的访谈通过邮件完成。所有被访者都具有 2 年以上的社会化商务从业经验。为了能够概念化理论性地得出社会化商务技术可供性的特殊性条目，本章首先系统地设计了 3 个问题：①您如何评价您在社会化商务平台上的购买活动？②您认为社会化商务平台上的哪些技术特征支持了您的购买过程？③您能对您在②中提及的（每一个）技术特征用一个关键词描述吗？根据这 3 个问题，本章采用开放式问卷的形式，让被访者描述能够反映在社会化商务情境中，由技术支持的能够帮助其开展社会化购买行为的活动。因此，本章还设计了开放式问卷并发展了 4 个问题：①您能描述下您对您在社会化商务平台上购买行为的评价吗？②您能详细描述下支持您社会化购买行为的技术特征吗？③您能选择一些关键词来描述您在②中提及的技术特征并解释为什么您会选择这些词作为关键词吗？④您能描述一下您为什么参与社会化购买行为活动吗？研究人员将形成的开放式问卷随机发给其他 30 名社会化商务的实践者。根据开放和轴向编码策略程序[131, 132]，本书随后系统地编码、评估被访者的访谈资料，整理、归纳作答者的问卷回复资料，了解他们对社会化商务技术可供性的理解。通过应用社会化商务技术可供性定义、个人访谈结果、开放式问卷的作答资料，以及条目生成的原则（如用简单容易理解的无歧义性陈述表达）[130]，在条目生成阶段，研究生成了 46 个初始条目，具体请见附表 1 及附表 2。

3.3.2　条目修订

在条目修订阶段，本章首先依据表面有效性来评估条目的简洁性和语义方面的问题。3 名具有社会化商务购买体验的博士研究生分别独立地参与进来。首先将 46 个初始条目展示给 3 名参与者，让其识别语义表达不清楚或有歧义的条目，其次再逐条讨论。初始条目库中的 9 个题项被初始删除，6 个条目被初始修改，因此，37 个条目进入下一轮修订。

在条目修订阶段，内容效度是主要的问题[134]。MacKenzie 等认为在这一步中应考虑两个主要的问题：①每一个条目能代表目标概念每一方面的内容吗？②这些所有聚集的条目能代表目标概念的整个内容吗[130]？根据 Moore 和 Benbasat 的研究，本章采用卡片分类法评估新生条目的内容效度[135]。之所以采用卡片分类法是因为：①这种方法不需要很多评估者；②这种方法提及的计算条目命中率的方法更简捷有效；③这种方法是一种定性分析方法而不是严格的定量分析方法，在条目修订阶段使用该方法能够为后续阶段定量分析产生高质量的备选条目提供基础。为了满足条目的组合信度和区分效度，以及对初始条目进行分类，本章进行了四轮严格的卡片分类法检验。该方法在在线卡片分类网站（https://www.optimalworkshop.com/）进行。在每一轮的卡片分类法检验中，都邀请了具有不同背景的评估者，这是为了同时确保两种情况：①尽可能在更大范围内多方面了解评估者对条目的感知；②尽可能让评估者理解条目生成的情境。在每一轮结束后，都要从评估者那里获得反馈，删除或修改冗余、表达模糊的条目，以及根据反馈意见增加必要的条目。

在第一轮，随机将 37 个条目放置在分类页面中的左列，附带导向说明告知评估者要对这些条目重新分组并对组别命名，即"请将这 37 个条目分别分类到不同的组别中，注意每个组别中的条目意思相近，但是与其他组别的条目不同，每个条目只能隶属于一个组"。将说明和卡片分类的链接以邮件形式发给 7 名评估者。在这一轮中，没有先给出组别名称以及组别定义让评估者作答，目的是根据评估者作答结果的一致性程度检测概念效度和内容效度。在本轮中，本书将评估者对组别的命名名称与各组的初始意向名称（子维度）进行了比较，发现尽管有些名称在表达上用的词语不同，但表达的意思是非常相近的。本书还发现 9 个条目没有被放置到目标组别。随后与 7 个评估者分别进行了讨论，根据反馈分析，在本轮中去掉了 6 个条目，并对其他条目进行了修正。相应地，6 种组别的 31 个条目进入下一轮。

在之后的几轮分类中，向评估者同时提供了组别名称和定义。在分类页面中展示出了 6 种组别的名称和相应的定义，如表 3-3 所示。本章还提供了一个 N/A 组以确保有问题的条目能够被识别出，而在同一组内的条目具有较高的组合信度。评估者被告知根据每组名称的定义，将符合定义含义的条目归类于其中，把表达有歧义、不确定的选项归纳到 N/A 组中。在评估者完成分类后，本书计算了条目配置率（item placement ratio，I_{pr}）和评分者内部有效性。I_{pr} 表示条目被正确放入目标组群中的比率。为了区别每个子维度概念的命中率和全部 6 个子维度的整体命中率，本章分别计算了两个参数：目标命中率（target hit ratio，T_{hr}）和总体命中率（overall hit ratio，O_{hr}），具体参数值由式（3-1）、式（3-2）求得：

$$T_{\mathrm{hr}} = \frac{N_{\mathrm{ai}}}{N_j \times N_{\mathrm{ci}}} \tag{3-1}$$

$$O_{\mathrm{hr}} = \frac{\displaystyle\sum_{n=1}^{s} N_{\mathrm{ai}}^{(n)}}{N_j \times \displaystyle\sum_{m=1}^{s} N_{\mathrm{ci}}^{(m)}} \tag{3-2}$$

式中，N_{ai} 表示评分者一致性放到同一个目标概念组中的条目的数量；N_j 表示评分者的人数；N_{ci} 表示每个概念组计划包含的条目数。

表 3-3 卡片分类法的矩阵

概念	定义	题项	
		社会化商务平台	
		允许我看到产品的属性	允许我对产品发表评论
VI	让用户了解相关产品的知识	√	
ME	让用户能够就产品内容提供反馈		√
TA	自动通知有关产品或人员信息的变动		
GS	提供个性化服务，帮助用户做出购买决定		
SC	建立社会联系，让用户参与互惠关系		
TR	使用户能够完成实际购买行为或过程		
N/A	以上均无		

注："√"表示评分者认为某列的题项应该描述该行的概念

本章还计算了 Kappa 系数以评估评分者内部一致性。根据矩阵分析结果，对评分者就其对条目的认知情况逐一访谈寻求反馈意见，然后对每一个没有被放入计划组内的条目进行讨论、修正。当对本轮次的所有条目完成讨论、修正后，保留的条目将进入下一轮，然后重复以上提及的程序步骤。

总体来说，在第二轮中，研究在 SC 组中删除了 2 个条目（其中一个条目的命中率仅为 28.6%，对于另一个条目，讨论认为其与其他条目具有重复含义），在 GS 组内增加了 1 个条目，这样在第二轮结束时共有 30 个条目进入第三轮的分类检测中。在第三轮中，根据反馈意见和建议，本书修正了条目的几处表达方式，并未增删条目。第四轮的分类检测结果的命中率值显示，大部分条目都被归纳到了正确的组群内。然而，就单个条目来看，仍有 4 个条目的单项命中率不高。经讨论，本章去掉了 2 个具有 33.3%命中率的条目，同时根据反馈建议和讨论决定增添 2 个条目。最终确定了 30 个条目。表 3-4 显示了各轮卡片分类法检验中的参数结果。最终的目标命中率和总体命中率都超过了建议的阈值（建议命中率值为 80%），所有的评分者一致性的统计 Kappa 值都超过了 0.7，说明产生的条目具有很好的一致性。

表 3-4 各轮卡片分类法检验中的参数结果

目标类别		理论上的分类						内部一致性
		VI	ME	TA	GS	SC	TR	
实际上的类别	VI ($2^{nd}/3^{rd}/4^{th}$)	**20/12/12**	1/1/0	1/2/0	2/1/0	2/0/0	0/0/2	0.74/1.00/1.00
	ME ($2^{nd}/3^{rd}/4^{th}$)	5/0/0	**39/17/17**	—	1/0/1	1/0/1	—	0.86/0.90/0.89
	TA ($2^{nd}/3^{rd}/4^{th}$)	—	0/0/1	**32/13/15**	0/0/1	1/0/0		0.92/0.65/1.00
	GS ($2^{nd}/3^{rd}/4^{th}$)	—	—	1/0/0	**30/17/16**	5/1/0	0/1/0	0.83/0.85/0.70
	SC ($2^{nd}/3^{rd}/4^{th}$)	1/0/0	2/0/0	—	1/0/0	**35/13/13**	—	0.55/0.65/0.65
	TR ($2^{nd}/3^{rd}/4^{th}$)	—	—	—	—	—	**26/10/10**	0.55/0.80/0.80
	N/A ($2^{nd}/3^{rd}/4^{th}$)	2/0/0	—	1/0/0	1/0/0	5/1/1	2/1/0	—
	总条目配置数 ($2^{nd}/3^{rd}/4^{th}$)	28/12/12	42/18/18	35/15/15	35/18/18	49/15/15	28/12/12	—
	T_{hr}/% ($2^{nd}/3^{rd}/4^{th}$)	71.4/100/100	92.3/94.4/94.4	91.4/88.7/100	85.7/94.4/88.9	71.4/86.7/86.7	92.9/83.3/83.3	—

注：总条目配置数为 217/90/90；命中条目数为 182/82/83；总体命中率为 83.9/91.1/92.2；平均内部一致性为 0.74/0.81/0.84；2nd、3rd、4th 分别表示第二轮、第三轮、第四轮卡片分类；黑体数值为理论上在各自维度概念上配置正确的条目数

3.3.3 条目评估

条目的生成与修订都属于质性分析范畴，接下来将对条目进行量化分析。考虑到六个子维度与社会化商务技术可供性主概念之间的关系，本章将社会化商务技术可供性构念作为二阶因子，将其六个子维度作为一阶因子。经过前面章节的分析，本章认为六个一阶因子为二阶因子的形成性题项，因此在量化分析阶段，采用形成型-反映型（formative-reflective）的分层组成测量模型来测量[127]。新生成的条目用来测量六个一阶因子。为了保障该测量模型的有效性，根据 Hoehle 和 Venkatesh[132] 的研究，二阶因子需要有一般性的测量题项来保障模型的有效性。因此，根据技术可供性的内涵，本章还对五个二阶因子设计了一般性的反映型测量题项。在条目评估阶段，本章通过收集数据样本对产生的条目进行评估、验证。在样本测验阶段需要考虑两个主要的问题：①样本是否具有代表性；②多大的样本量算合理。

　　本章将量表发展成了问卷，随后将问卷发放到在线问卷平台（问卷星）上，并为参与者提供抽奖机会作为回答奖励。为了控制不同社会化商务平台的（细微）差异给作答者造成的对平台初始认识的不一致，本章在问卷收集部分以具体的微信平台替换了整体的社会化商务平台。微信最初是由腾讯公司推出的一款即时通信工具，随着程序的不断升级和服务的不断完善，当前微信已经成为方便用户生活的一种工具，在其基础上还衍生出了许多商业模式，成为社会化商务的载体。在微信平台，用户能够完成商品查询、选购、体验、互动、分享、订购与支付等一系列活动。当前，微信平台上进行的社会化商务行为越来越普及。因而，选取微信作为社会化商务平台的代表具有合理性。

　　问卷收集从 2015 年 6 月 1 日开始，到 2015 年 8 月 31 日止。共收集问卷 536 份，剔除无效问卷，最终得到有效问卷 296 份。样本的描述性统计分析如表 3-5 所示。之后，运用 SPSS 18.0 进行探索性因子分析来检验社会化商务技术可供性构念的信度和效度。根据特征值大于 1 的准则，运用主成分分析通过正交最大方差法提取了 6 个因子。本节删除了在探索性因子分析中因子载荷值低于阈值 0.5，以及双因子载荷值大于 0.5 的条目。相应地，4 个题项被删除。表 3-6 列出了探索性因子分析结果。6 个因子解释了 73.84% 的累积方差贡献率。6 个因子的信度值分别为 0.831、0.933、0.898、0.901、0.847 和 0.860。最后保留了 26 个测量题项进入下一轮分析中。

表 3-5　样本的描述性统计分析

统计变量	分组	样本数量（比例）	
		$N = 296$	$N = 559$
性别（gender，GD）	男性	103（34.8%）	183（32.7%）
	女性	193（65.2%）	376（67.3%）
年龄（age，AG）	20 岁以下	7（2.4%）	39（7.0%）
	20 岁至 29 岁	163（55.1%）	324（58.0%）
	30 岁至 39 岁	99（33.4%）	150（26.8%）
	40 岁至 49 岁	21（7.1%）	41（7.3%）
	50 岁及以上	6（2.0%）	5（0.9%）
受教育程度（educational level，EL）	初中及以下	8（2.7%）	13（2.3%）
	高中/中专	11（3.7%）	67（12.0%）
	大学	106（35.8%）	240（42.9%）
	硕士研究生	129（43.6%）	164（29.3%）
	博士研究生	42（14.2%）	75（13.4%）

统计变量	分组	样本数量（比例）	
		$N = 296$	$N = 559$
社会化商务购买体验[社会化商务平台的使用时间（use time, UT）]	半年以下	136（45.9%）	277（49.6%）
	半年至 1 年（不含）	64（21.6%）	79（14.1%）
	1 年至 1 年半（不含）	59（19.9%）	94（16.8%）
	1 年半至 2 年（不含）	22（7.4%）	43（7.7%）
	2 年及以上	15（5.1%）	66（11.8%）

表 3-6　探索性因子分析结果

	条目	1	2	3	4	5	6
保留的条目：							
VI1	社会化商务平台能给我提供产品的详细照片	0.223	0.090	0.118	*0.777*	0.050	0.217
VI2	社会化商务平台能让我看到产品的属性	0.061	0.093	0.079	*0.836*	0.159	0.176
VI3	社会化商务平台能让我看到产品的使用说明	0.266	0.078	0.167	*0.718*	0.220	0.084
VI4	社会化商务平台能让我看到产品的使用评价	0.195	0.242	0.004	*0.673*	0.115	0.096
ME1	社会化商务平台能使我对产品发表评论	*0.710*	0.212	0.155	0.199	0.293	0.118
ME2	社会化商务平台能使我对其他人的产品反馈做出反应	*0.812*	0.221	0.176	0.171	0.211	0.122
ME3	社会化商务平台能使我分享其他人对产品评价的观点	*0.804*	0.211	0.188	0.272	0.122	0.214
ME4	社会化商务平台能使我加入其他人的产品讨论	*0.793*	0.197	0.206	0.241	0.139	0.175
ME5	社会化商务平台能使我与其他人分享购物体验	*0.738*	0.297	0.150	0.107	0.322	0.139
TA1	社会化商务平台能及时地通知我产品更新	0.256	0.240	0.225	0.190	*0.777*	0.123
TA2	社会化商务平台能及时地通知我产品改善	0.355	0.345	0.114	0.197	*0.713*	0.117
TA3	社会化商务平台能及时地通知我所感兴趣的产品发生了变化	0.298	0.352	0.092	0.137	*0.727*	0.170
TA4	社会化商务平台能及时地通知我产品的促销信息	0.172	0.124	0.367	0.220	*0.657*	0.174
GS1	社会化商务平台上有人会向我推荐我可能喜欢的产品	0.151	0.503	0.314	0.104	0.217	0.182

续表

条目		1	2	3	4	5	6
保留的条目：							
GS2	社会化商务平台上有人会毫无保留地帮我建立产品需求	0.215	***0.823***	0.148	0.089	0.203	0.012
GS3	社会化商务平台上有人会向我推荐最能满足我需求的产品	0.192	0.859	0.163	0.123	0.198	0.152
GS4	社会化商务平台上有人会根据我的个性化需求向我推荐产品	0.242	0.776	0.191	0.156	0.211	0.153
GS5	社会化商务平台上有人会向我提供符合我购买意向的所有产品	0.267	0.690	0.281	0.217	0.142	0.116
SC1	社会化商务平台能让我联系到我线下想联系的人	0.173	0.314	0.626	0.131	0.030	0.119
SC2	社会化商务平台能让我和不认识的人加为好友	0.167	0.032	0.821	0.072	0.121	0.064
SC3	社会化商务平台能让我通过与其他人联系而得知产品信息	0.162	0.302	0.710	0.095	0.236	0.281
SC4	社会化商务平台能使我与其他人建立联系，一起购买产品	0.161	0.368	0.563	0.046	0.236	0.255
SC5	社会化商务平台能使我通过其他人的介绍，让我联系到能提供给我详细产品信息的人	0.176	0.319	***0.553***	0.126	0.276	0.354
TR1	社会化商务平台能为我提供完成交易的多种支付方式	0.117	0.130	0.138	0.123	0.190	***0.760***
TR2	社会化商务平台能帮助我有效地完成交易	0.191	0.116	0.209	0.209	0.116	***0.839***
TR3	社会化商务平台能使我很顺利地完成交易	0.203	0.137	0.215	0.237	0.069	***0.816***
删除的条目：							
社会化商务平台能让我看到他人对产品的评价[*]							
社会化商务平台能及时地通知我新成员的加入[**]							
社会化商务平台能及时地通知我朋友圈发生的新动态[**]							
社会化商务平台能保障我交易过程的安全性[*]							

注：加粗斜体值表示题项在该变量的因子载荷值

*表示双因子载荷值大于 0.5；**表示非正确因子载荷

3.3.4 条目确定

当进行了探索性因子分析后，MacKenzie 等建议下一步要进行量表的效度检验[130]。因此，本节再收集一次独立的样本进行验证性因子分析，选取微信参与用户作为研究对象进行问卷调查。数据收集从 2015 年 11 月 1 日开始，止于 2016 年 1 月 30 日，主要通过问卷星平台发布，共收集数据 927 份，根据数据筛选标准（如数据缺失、无微信购物体验、问卷作答时间太短、正反向题项回答不一致），剔除无效数据后共收到有效问卷 559 份。样本的描述性统计分析如表 3-5 所示。本节选用 SmartPLS 3.0 来检验概念的内部效度、组合信度和区分效度。

内部效度通过检验构念的组合信度（composite reliability，CR）和 Cronbach's Alpha（CA）信度系数值来确定。通过分析结果可知，构念的组合信度值的范围为 0.898~0.933，都超过了阈值 0.7[136]；Cronbach's Alpha 值的范围为 0.848~0.910，超过了标杆参数值 0.7[137]（表 3-7）。

表 3-7　内部效度、组合信度、区分效度和共线性检验结果

构念	ITA	VI	ME	TA	GS	SC	TR	CR	CA	AVE	VIF
ITA	*0.858*							0.933	0.910	0.736	—
VI	0.474	*0.829*						0.898	0.848	0.687	1.458
ME	0.576	0.485	*0.830*					0.917	0.886	0.688	1.884
TA	0.596	0.443	0.582	*0.867*				0.924	0.890	0.752	2.278
GS	0.607	0.466	0.557	0.695	*0.812*			0.906	0.872	0.660	2.534
SC	0.666	0.429	0.591	0.613	0.686	*0.811*		0.905	0.868	0.657	2.672
TR	0.714	0.437	0.508	0.547	0.558	0.679	*0.882*	0.913	0.858	0.778	2.031

注：加粗斜体数值表示每个构念的平均方差提取值（average variance extracted，AVE）的平方根；VIF 表示方差膨胀因子（variance inflation factor）

组合信度由因子载荷值和 AVE 来检验。由表 3-8 可以看出，最小的因子载荷值为 0.718，高于阈值 0.7[136]。所有题项的因子载荷都在统计意义上显著。AVE 的范围为 0.657~0.778（表 3-7），高于阈值 0.5，表明所有的构念都解释了其题项一半以上的方差[136]。

表 3-8　数据均值、标准差、区分效度和因子载荷值

条目	均值	标准差	VI	ME	TA	GS	SC	TR	ITA	显著性（$p<$）
VI1	4.930	1.388	*0.846*	0.428	0.397	0.414	0.393	0.400	0.437	0.001
VI2	4.594	1.399	*0.880*	0.392	0.353	0.394	0.331	0.348	0.388	0.001
VI3	4.794	1.438	*0.813*	0.443	0.384	0.412	0.389	0.380	0.411	0.001
VI4	4.179	1.543	*0.774*	0.331	0.327	0.311	0.297	0.310	0.318	0.001
ME1	5.222	1.397	0.400	*0.776*	0.465	0.412	0.439	0.416	0.465	0.001
ME2	4.907	1.491	0.404	*0.817*	0.409	0.445	0.444	0.390	0.468	0.001

条目	均值	标准差	VI	ME	TA	GS	SC	TR	ITA	显著性 （p<）
ME3	5.057	1.417	0.407	***0.879***	0.488	0.466	0.476	0.417	0.483	0.001
ME4	5.258	1.379	0.381	***0.850***	0.544	0.499	0.558	0.455	0.497	0.001
ME5	4.945	1.407	0.421	***0.823***	0.504	0.483	0.530	0.428	0.475	0.001
TA1	5.449	1.270	0.365	0.518	***0.879***	0.600	0.515	0.492	0.529	0.001
TA2	5.084	1.327	0.396	0.506	***0.849***	0.573	0.558	0.403	0.479	0.001
TA3	5.147	1.287	0.409	0.486	***0.884***	0.647	0.510	0.470	0.478	0.001
TA4	5.361	1.232	0.371	0.507	***0.857***	0.592	0.542	0.522	0.571	0.001
GS1	5.351	1.212	0.371	0.510	0.634	***0.837***	0.601	0.517	0.585	0.001
GS2	5.249	1.238	0.361	0.492	0.586	***0.859***	0.587	0.483	0.528	0.001
GS3	4.853	1.297	0.423	0.430	0.578	***0.846***	0.575	0.470	0.487	0.001
GS4	4.792	1.288	0.388	0.406	0.500	***0.768***	0.523	0.408	0.437	0.001
GS5	4.633	1.301	0.362	0.405	0.507	***0.747***	0.484	0.363	0.392	0.001
SC1	4.785	1.561	0.422	0.486	0.482	0.555	***0.766***	0.515	0.523	0.001
SC2	5.213	1.522	0.232	0.332	0.424	0.440	***0.718***	0.428	0.440	0.001
SC3	5.127	1.351	0.364	0.549	0.527	0.613	***0.871***	0.579	0.600	0.001
SC4	5.082	1.468	0.356	0.498	0.498	0.562	***0.833***	0.593	0.559	0.001
SC5	5.018	1.406	0.352	0.505	0.544	0.591	***0.853***	0.619	0.560	0.001
TR1	5.213	1.401	0.370	0.393	0.445	0.455	0.588	***0.856***	0.565	0.001
TR2	5.290	1.282	0.374	0.439	0.490	0.491	0.617	***0.910***	0.632	0.001
TR3	5.354	1.286	0.410	0.504	0.508	0.525	0.593	***0.880***	0.684	0.001
ITA1	5.465	1.230	0.360	0.507	0.538	0.533	0.582	0.682	***0.868***	0.001
ITA2	5.639	1.210	0.339	0.469	0.502	0.486	0.530	0.614	***0.874***	0.001
ITA3	5.234	1.246	0.444	0.526	0.537	0.559	0.604	0.589	***0.870***	0.001
ITA4	5.444	1.186	0.395	0.444	0.492	0.505	0.541	0.571	***0.873***	0.001
ITA5	4.930	1.352	0.490	0.519	0.484	0.513	0.592	0.599	***0.800***	0.001

注：加粗斜体值表示题项在该变量上的因子载荷值

区分效度由交叉因子载荷值和 AVE 的平方根值检验[136]。本章首先检验了各测量题项的因子载荷值，结果显示所有条目对应自己变量的因子载荷值都大于该条目对应其他因子上的载荷值（表 3-8），这表明变量之间具有良好的区分效度。其次，本章通过比较每个变量的 AVE 的平方根值是否大于该变量与其他变量的相关系数值评估了 Fornell-Larcker 准则。表 3-7 中的结果表明所有变量自身 AVE 的平方根值都远远大于该变量与其他变量的相关系数值，这说明这些构念之间的区分效度明显。

此外，为了评估构念之间是否存在共线性，本书还分析了 VIF 值，如表 3-7 所示，所有构念的 VIF 值都小于阈值 5，表明构念之间不存在严重的共线性问题。

本章通过检验每一个一阶因子（子维度构念）与二阶因子的路径系数的显著性来检验二阶因子社会化商务技术可供性构念的有效性[138]。图 3-4 所示的测量模型的路径系数值结果显示，所有一阶因子与二阶因子的路径系数都在统计意义上显著，六个一阶因子共解释了二阶因子 62%的变动方差，表明二阶因子社会化商务技术可供性构念能够很好地由六个一阶因子形成，同时显著性表明各测量题项均能够较好地反映各构念的内涵，开发的量表比较合理。

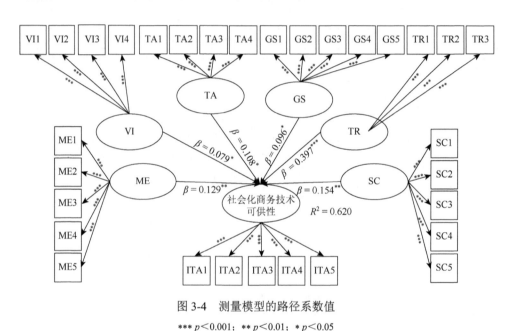

图 3-4　测量模型的路径系数值

*** $p < 0.001$；** $p < 0.01$；* $p < 0.05$

3.4　理论贡献与实践启示

社会化购买行为是社会化商务的具体体现，体现在用户参与的社会化商务的各个过程中，社会化商务的开展需要依托具体的社会化商务平台。由于社会化商务是一种新兴现象，现有研究还没有对社会化商务平台的具体技术特征进行研究，没有发展成熟的量表对社会化商务的具体活动进行测量，也没有研究从可供性角度探索具体技术特征和用户社会化购买行为的关系。针对这些问题，以技术可供性理论为基础，采用质性研究与量化研究相结合的方法，依据严格的量表开发步骤，本章发展了社会化商务技术可供性构念，识别出该概念的六种具体维度，并发展了该构念的测量量表。经过质性和量化的统计分析检验，结果显示社会化商务技术可供性构念是一个形成型的二阶因子构念，由六个维度的一阶因子，即可视性、表达性、提醒关注性、购物导向性、社会化连接性、交易性构成；开发的测量题项满足统计分析检验的各参数阈值，表明量表具有很好的信度和效度。

本章为深入理解社会化商务情境中的具体行为活动提供了有效的解释变量，同时为后续对社会化商务技术可供性的相关实证研究提供了测量工具。

第4章　技术可供性对社会化商务购买意向的影响研究

技术推动了社会化商务的发展，技术可供性理论能够很好地从可供性角度解释社会化商务得以发展的重要原因。本章以第 3 章发展的技术可供性构念、识别的技术可供性维度，以及开发的量表为基础，提出了技术可供性对社会化商务购买意向的影响研究，实证检验了技术可供性对社会化商务购买意向的影响。根据理论分析，本章还验证了满意度与忠诚度对技术可供性对社会化商务购买意向影响的中介作用。本章以微信参与社会化购买行为的用户为研究对象，采用 SEM 进行了分析，利用 SmartPLS 3.0 对模型进行了验证，最后对假设检验进行了分析，并提出了管理建议。

4.1　问　题　描　述

第 3 章发展了社会化商务技术可供性构念，提出技术可供性能够解释在技术的支持下用户得以实现的具体的社会化商务活动。现有研究表明，技术，连同人、信息、恰当的商务被认为是社会化商务发展的四大要素[15, 16]，技术不仅能塑造人的行为趋向，而且对人的行为变动产生了重要影响。Curty 和 Zhang 指出社会化商务的发展是由技术驱动的[52]，社会化商务技术可供性属于技术范畴，那么该构念在用户社会化购买行为中发挥什么作用？是否会直接促进用户的社会化购买行为？同时，调查发现，虽然用户处在相同或类似的社会化商务情境下，但其表现出的购买意愿却有很大差异。鉴于此，本章提出揭示技术可供性对用户社会化商务作用的"黑箱"，引入满意度与忠诚度两个构念，认为满意度与忠诚度的中介作用可以将技术的客观存在转化成用户内部的感知，从而对处于相同或类似社会化商务情境下的用户为什么会对社会化购买行为做出不同的反应进行解释。因此，本章研究社会化商务技术可供性如何促使用户社会化购买行为的实现，构建了技术可供性对社会化购买行为影响的直接效应模型，并探索该模型的中介影响机制。

4.2 理论分析与研究假设

4.2.1 技术可供性影响社会化商务购买意向的机理分析

在本书中社会化商务技术可供性是指促进用户社会化购买行为目标实现的技术功能或属性。随着社会化商务的不断发展，人们的购物行为已经进入了一个全新的社会化时代。人们不仅在意购物为其带来的物质满足，更在意购物过程中社会化的互动带来的身心满足。研究指出 IT 界面/功能的设计会影响用户使用 IT 的效果。然而，根据适应性结构理论（adaptive structuration theory），在社会化实践中技术对人们行为产生的影响是因情况而异的。消费者行为的研究表明 IT 对消费者的购买决策会产生重要影响[139]。考虑到交易是在线电子商务活动的关键性指标，购买意向又是评估交易成功可能性的重要参数[140]。同时，在现有研究中，由于实际的购买行为数据很难获得，多将购买意向作为研究用户购买行为的替代变量。因此，本章将社会化商务购买意向作为因变量，表示用户愿意在社会化商务平台进行购买交易的可能性。

技术功能性的概念源于对动物对环境感知的研究[57]，后来它被用来描述"（在某种环境下）主体会意识到的将产生某种行为的可能性"[30]，或指某种容易被发现的行为发生的可能性，尤其是在人机交互情境中（如在社交网站的应用中，连接功能容易被识别出具有维持主体社会关系的潜能）。信息技术具有多方面的属性，这些属性可以促使主体不同潜能的实现，即在特定的情境下，用户利用这些属性能够实现他们各自的不同目标。作为一种技术客体和特定用户主体之间的关系，Markus 和 Silver 指出技术可供性能暗示出用户利用此技术会实现何种行为目标[66]。电子商务虽然发展得很成熟，但是现存的电子商务还是不能最大化满足用户交互的需求。例如，用户不能在同一电子商务平台与其好友讨论同一产品或寻求即时建议。因此，用户更青睐社交网络嵌入式的购物平台。社交媒体技术的植入促使用户以一种更接近现实的方式参与在线购物，用户能够同时体验社交网站和电子商务平台的双重活动。因此，本章将从技术功能性方面探讨技术对社会化商务购买意向的影响。社会化商务技术可供性能够同时满足用户对这些平台的需求，弥补了电子商务平台的缺陷，还增加了社会化媒体，为用户提供了交易中所需的各种功能，降低了感知风险和交易过程中的不确定性[140]。不同的技术可供性在不同方面辅助用户做出购买决策和提供必要的技术支持。基于以上分析，提出以下假设。

H4.1：技术可供性对社会化商务购买意向具有正向影响。

4.2.2 技术可供性影响满意度与忠诚度的机理分析

忠诚度与满意度是社会科学研究中普遍采用的两个构念。在信息管理与市场营销学相关的研究中多采用这两个构念来研究信息技术采纳的前因变量和分析消费者消费行为规律[141-144]。在本章研究中，满意度是指用户对其社会化商务购买体验的满足程度[141]；忠诚度是指用户在其购买决策中，对社会化商务所表现出来的偏向性行为反应、愿意再次使用社会化购物功能的行为指向和心理归属程度[145, 146]。满意度和忠诚度反映的是用户的一种行为过程，以及一种心理决策和评估过程。Hoehle 和 Venkatesh 的研究结果也显示，IT 的支持会增强用户的满意度和忠诚度[132]。

通过对多方面的功能融合和信息共享，IT 的使用能增强用户对社会化商务活动的体验效果。Cenfetelli 等指出 IT 的设计和改进能够增强用户体验[147]，增强用户的满意效果，提升用户的使用黏性。鉴于社会化商务情境的特性，技术可供性既可以满足用户的社会化交互需求，又能满足用户的购物需求，从这一点来说，社会化商务技术可供性能够为用户创造额外的价值，不仅在购物过程中给予功能性的支持，还提供了用户满意度达到何种程度的条件，为用户的社会化购买行为提供了肥沃的土壤，令其在社会性和商务性活动方面受益[148]。社会化商务技术可供性涵盖了大部分 IT 能够支持的方面，本章认为技术可供性的六个维度在不同方面都影响着用户的满意度和忠诚度。

及时、准确和恰当的产品/服务信息在电子商务环境中至关重要[149]。如果产品对用户很难可见，用户对产品将感知到很大的风险且有较高的感知不确定性，这会极大减少用户对社会化商务体验的积极正向评价，也会降低他们的购买意愿。可视性维度将产品的相关信息呈现给消费者，由此，消费者便可以根据其消费感知评价产品信息的可信度。这种可视性功能增强了产品信息的透明度，减轻了由信息不对称引起的负面效应，为用户提供了增值途径（如了解更多的产品打折信息），增强了用户的满意度和忠诚度。

在在线交易中，其他用户对产品的评价对消费者的购买决策是非常重要的。表达性维度能够及时让用户了解到其他用户对产品内容的反馈。用户在讨论中不仅能够表达对产品的个人认知，而且还能够在原有的讨论内容中引入新的认知观点，从多种渠道丰富对目标产品的认知。这有助于用户识别产品的优劣点，多方面感知产品的价值，减少由虚假信息造成的误解[150]。因此，这种"对话式"的机制加强了用户对社会化购物平台的信任，降低了他们的感知风险，进而会增强用户的满意度与忠诚度。

提醒关注性维度及时地将产品变动信息通知给用户。这一可供性可以帮助用户在其社会化商务界面自动地设置提醒功能，通知其感兴趣的产品的更新信息，用户能够及时了解到最新的产品变化趋势。提醒关注性降低了用户对其目标产品的关注成本。如此，用户对平台的满意度会极大地提高，也会展现出对平台的偏好性使用倾向，从而增强用户黏性，提高用户对平台的忠诚度。

购物导向性维度通过向用户提供个性化的导向服务帮助用户做出购买决策。这可以看作是一种产品推荐性功能，将用户对产品的相关喜好作为植入性代码，动态地根据用户的偏好进行产品推荐。然而，社会化商务购物导向性不同于传统电子商务的产品推荐模式。前者是个性化极高的行为，包含了社会化的因素，通过与用户的直接主动交流获得用户感兴趣的直接产品信息，用户对其中产品的选择性偏差较小；而后者则是系统根据用户浏览历史，自动客观给出用户可能感兴趣的产品，不是与用户主动交流的结果。因此，这种社会化交流互动模式的购物导向性可供性既减弱了用户因为系统盲目推荐产生的对过载产品信息的负面感受，也减弱了用户因为搜寻的复杂性而产生的倦怠感，这不但可以增强用户在社会化商务平台交易的满足程度，也会提高他们对这一平台的忠诚度。

社会化连接性维度能使用户在社会化商务平台与其他用户建立连接。用户不但可以与新的买家和卖家建立联系，还可以与新老朋友通过社会化连接性维持关系，共享这种社会化商务关系带来的互惠化效果。在社会化商务平台，社会化互动是不可或缺的特征，也正是这种特征使得社会化商务平台与传统的电子商务平台显著地区分开来。通过社会化连接性，用户可以扩大其社交网络，扩大信息来源范围，获得产品相关信息与非产品相关信息，增强其对社会化购买行为的满意度以及忠诚度。

交易性维度通过向用户提供多种保障式的支付方式，使社会化商务交易在社会化商务平台顺利地开展。这使得用户在购买过程中的便捷性极大提高，因此会提高用户的满意度。更进一步来说，有的支付方法还能给用户带来愉悦感。例如，在微信社会化商务平台，有的买家会通过"发红包"的方式支付订单，这种支付方式的完结通常会激起买卖双方双重的满意度，一种是支付完成代表交易完成的满足，一种是"受惠"心理带来的满足。同时，这种支付功能的便利性会提高用户对社会化商务平台的忠诚度，这种支付功能的提供也会提高用户对该平台的使用黏性。

基于以上分析，提出以下假设。

H4.2：技术可供性对社会化商务购买满意度具有正向影响。

H4.3：技术可供性对社会化商务购买忠诚度具有正向影响。

4.2.3　满意度与忠诚度影响社会化商务购买意向的机理分析

满意度与忠诚度多被研究者用来研究用户某种行为的前因变量。大量研究显示，这两个变量具有重要的研究价值，在管理信息系统与市场营销学的研究中被广泛采纳，通常用来作为用户行为的预测变量。二者来自用户对平台使用的体验，表达的是用户对平台积极的感知情况，这种感知又会作用于用户对平台的体验[144]。如前面正文所述，社会化商务技术可供性对用户的社会化商务过程在不同方面产生了积极的效果。Szymanski 和 Hise 指出，产品相关的信息能够促使用户做出恰当的购买决策，增强用户的满意度和提高重复性访问体验[151]。这与先前研究提出的提高系统的满意度和服务体验会增强用户对系统的持续使用意愿的观点一致[152]。这种认知性的满意度与忠诚度体验是用户制定购买决策时的必要考虑因素。用户对平台的满意度越高，对平台的忠诚度越高，其进行社会化购买的意向就越大。基于以上分析，提出如下假设。

H4.4：满意度对社会化商务购买意向具有正向影响。

H4.5：忠诚度对社会化商务购买意向具有正向影响。

4.2.4　控制变量

为了检测假设检验和减小控制变量对因变量的影响，本章选取了性别、年龄、受教育程度和社会化商务购买体验作为控制变量。前三个变量代表了个体用户不同的社会属性特征，会影响他们社会化购物的行为模式。社会化商务购买体验描述了用户使用该平台的相对频率，可以预测用户的购买趋向。

本章的研究模型如图 4-1 所示。

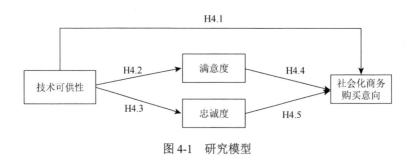

图 4-1　研究模型

4.3　实证研究设计

4.3.1　问卷设计与量表编制

本章采用问卷调查方法进行模型假设的验证。为确保内容效度，根据社会化购物情境,研究模型中大部分变量的测量题项来自对现有文献中测量题项的改编。问卷采用七点利克特量表,其中 1 代表非常不同意,7 代表非常同意。本章研究共涉及 4 个变量,其中二阶因子变量技术可供性参考 Dong 等的研究,包括可视性、表达性、提醒关注性、购物导向性、社会化连接性和交易性 6 个维度[153];满意度参考 Flavián 等的研究[146];忠诚度参考 Johnson 等[145]和 Flavián 等[146]的研究;购买意向参考 Jiang 和 Benbasat 的研究[152]。由于这些初始量表都源自英文,为了保证量表翻译的准确性,根据 Brislin 提出的"翻译-回译"过程形成本章研究的初始中文量表[154],首先由一名专家将英文量表译成中文,其次由另一名专家将中文量表再翻译成英文,最后比较原英文量表与回译量表的差别,对存在差异或歧义之处进行讨论修改,并重复"翻译-回译"过程直至两种版本量表表述内容一致,从而获得本章研究变量的初始测量题项。之后,随机邀请 50 名参与者对量表进行前测分析,根据反馈结果,对量表进行进一步的修改和调整,以确保量表的准确性。表 4-1 总结了本章所涉及的构念及其测量题项。

表 4-1　构念及其测量题项

构念	测量题项	代码
ITA	总的来说,微信的功能是很实用的	ITA1
	总的来说,微信是很有用的	ITA2
	总的来说,微信很好地实现了服务用户的目标	ITA3
	总的来说,微信对我来说是很有价值的	ITA4
	总的来说,我对微信在我购买过程中的支持给予很高的评分	ITA5
VI	微信能提供给我产品的详细照片	VI1
	微信能让我看到产品的属性	VI2
	微信能让我看到产品的使用说明	VI3
	微信能让我对看到的产品有真切直观的感受	VI4
ME	微信能允许我对产品发表评论	ME1
	微信能允许我对其他人的产品反馈做出反应	ME2
	微信能允许我分享其他人对产品评价的观点	ME3
	微信能允许我与其他人分享购物体验	ME4
	微信能允许我加入其他人的产品讨论	ME5
TA	微信能及时地通知我产品上新	TA1
	微信能及时地通知我产品改善	TA2
	微信能及时地通知我所感兴趣的产品发生的变化	TA3
	微信能及时地通知我产品的促销信息	TA4

构念	测量题项	代码
GS	微信上会有人向我推荐我可能喜欢的产品	GS1
	微信上会有人向我推荐我所需要的类似产品	GS2
	微信上会有人向我推荐最能满足我需求的产品	GS3
	微信上会有人根据我的个性化需求，向我推荐产品	GS4
	微信上会有人向我提供符合我购买意向的所有产品	GS5
SC	微信能让我联系到我线下想联系的卖家	SC1
	微信能让我和线下不认识的卖家加为好友	SC2
	微信能让我通过与其他人联系而得知产品信息	SC3
	微信能使我联系到其他人，一起团购产品	SC4
	通过其他人介绍，微信能使我联系到可以提供给我详细产品信息的人	SC5
TR	微信能为我提供完成交易的多种支付方式	TR1
	微信能提供有效的方式帮助我完成交易	TR2
	微信能使我很顺利地完成交易	TR3
SA	我认为使用微信购物是正确的决策	SA1
	我对使用微信的购物体验是满意的	SA2
	概括地说，我很满意使用微信进行交易的方式	SA3
	总的来说，我对从微信上获得的产品和服务是满意的	SA4
LO	比起其他的社会化商务平台，如 QQ 空间、美丽说、人人网，我登录微信更频繁	LO1
	在我的社交性购买范围中，大部分商品和服务都来自微信	LO2
	微信是我最喜欢的社交性购物平台	LO3
	我鼓励我的朋友和亲戚使用微信购物	LO4
	谈起微信购物，我与别人谈论的都是好的方面/优点	LO5
PI	在未来，我可能会使用微信购物	PI1
	当我下次有东西要买的时候，我将从微信上购买	PI2
	假如有朋友向我咨询在哪里买东西时，我会建议他从微信上购买	PI3
	在以后的 3 个月里，我很确定将会再从微信上购物	PI4
	将来我在微信上购物的可能性是很高的	PI5

4.3.2 数据收集

本章选取微信作为研究对象进行问卷调查，认为微信平台的选取合理且具有代表性。微盟发布的《2015 年第一季度中国微商行业报告》显示，截至 2015 年第一季度微信平台微商的从业人员已经超过 10 万人，市场份额已达 960 亿元。同时，2016 年 4 月的调查显示，31%的微信用户具有微信购物体验。鉴于微信平台强大的社会化购物潜能，本章选取在微信进行过购物活动的用户作为数据收集对象。数据收集时间为 2016 年 4 月 6 日至 2016 年 4 月 25 日，主要通过问卷星平台发布，共收集数据 931 份，根据数据筛选标准，得到有效数据 641 份，有效作答率为 68.9%。表 4-2 为样本的描述性统计分析。

表 4-2　样本的描述性统计分析（$N = 641$）

统计变量	类别	样本量	比例
性别	男性	210	32.8%
	女性	431	67.2%
年龄	20 岁以下	45	7.0%
	20 岁至 29 岁	380	59.3%
	30 岁至 39 岁	160	25.0%
	40 岁至 49 岁	44	6.9%
	50 岁及以上	12	1.9%
受教育程度	高中及以下	15	2.3%
	专科	75	11.7%
	本科	280	43.7%
	硕士研究生	186	29.0%
	博士研究生	85	13.3%
社会化商务购买体验	半年以下	310	48.4%
	半年至 1 年（不含）	85	13.3%
	1 年至 1 年半（不含）	110	17.2%
	1 年半至 2 年（不含）	55	8.6%
	2 年及以上	81	12.6%

4.3.3　数据分析方法的选择

数据分析方法的选择对获得正确和可靠的研究结果具有重要影响。SEM 在管理学研究中应用广泛，尤其是对实证研究中变量是潜变量类型的研究模型而言，SEM 已经成为数据分析的准规范（quasi-standard）[155]。作为一种多元数据统计方法，SEM 主要是基于变量的协方差矩阵来分析测量题项与潜变量之间的关系、潜变量与潜变量之间的假设关系。此外，SEM 还能用来同时检验多个潜变量之间的关系,分析变量间更为复杂的关系(如中介检验),呈现每个关系的路径系数值[156]。因此,相比其他研究方法而言,SEM 的特点主要表现在四个方面:①能够同时考虑多个因变量;②允许自变量和因变量均含测量误差;③同时估计测量模型(题项与潜变量的关系)和 SEM(潜变量与潜变量的关系);④估计整个模型的拟合度。SEM 在计算上主要基于两种方法:基于协方差的极大似然估计(covariance based maximum likelihood estimation,CB-MLE)方法和基于方差的偏最小二乘(partial least square,PLS)方法。CB-SEM 一般适合理论检验的研究,应用软件有 AMOS 和 LISREL 等;PLS-SEM 适合理论开发的研究,应用软件有 PLS-Graph 和 SmartPLS 等[155, 157, 158]。两种方法的应用区别如表 4-3 所示。

表 4-3　CB-SEM 和 PLS-SEM 的应用区别

项目	CB-SEM	PLS-SEM
研究目标	当研究目标为理论检验或对不同理论进行比较时,选择 CB-SEM	当研究目标为理论开发或预测/识别构念时,选择 PLS-SEM
数据分布	数据需要满足正态分布	数据不需要满足正态分布
样本量	需要样本量较大	需要样本量较小
测量模型	测量模型中包含形成型构念时,使用 CB-SEM 需要满足相对复杂的限制	测量模型中包含形成型构念时,选择 PLS-SEM
SEM	结构模型是非递归模型	结构模型包含多构念和多测量题项
模型估计	当研究要求整体拟合优度标准时	当分析中需要使用变量数值时

本章所涉概念的测量大部分来自现有文献,由于研究情境不同,需要重新确保测量题项在本书中的有效性。为此,本章首先利用 SPSS 工具对所有变量进行了探索性因子分析,其次剔除了错误的因子载荷项以及双因子载荷项,最后得到本章所采用的正式量表。基于 PLS 的结构方程能够同时在同一模型中分析多变量之间的关系,同时还能够在同一模型中计算形成型与反映型题项,且能够较好地处理潜变量的测量方差。因此,本章选用 SmartPLS 3.0 来分析研究模型。步骤分为两步:第一步进行测量模型检验,第二步进行结构模型检验[159, 160]。

4.4　数据分析与结果讨论

4.4.1　测量模型的信度与效度分析

本章采用验证性因子分析来评估测度项的信度和效度。使用 Cronbach's Alpha 信度系数值和组合信度评估潜变量的稳定性及可靠性[161]。如表 4-4 所示,所有变量的 Cronbach's Alpha 信度系数值均大于 0.7，组合信度均大于 0.7，表明构念具有良好的信度[137]，AVE 均大于 0.5，说明测量具有良好的组合信度[130]。本节通过检验测量题项的交叉载荷系数，并根据 Fornell-Larcker 准则比较分析每个变量的 AVE 的平方根值是否大于它与其他变量的相关系数值来评估区分效度[161]。如表 4-5 所示，所有变量的测量题项与其对应变量的因子载荷系数都大于它与其他变量测量题项的交叉载荷系数，每个变量的 AVE 的平方根值都大于它与其他变量的相关系数值，这说明各个测量变量具有良好的区分效度。

表 4-4 变量的信度与效度

变量	题项个数	均值（标准差）	CA	CR	AVE
ITA	5	5.25（1.32）	0.911	0.933	0.737
VI	4	4.51（1.53）	0.852	0.900	0.693
ME	5	4.82（1.66）	0.909	0.932	0.733
TA	4	5.08（1.48）	0.904	0.933	0.776
GS	5	4.48（1.62）	0.893	0.926	0.757
SC	5	4.95（1.59）	0.857	0.903	0.701
TR	3	5.20（1.42）	0.869	0.920	0.793
SA	4	4.64（1.38）	0.903	0.912	0.789
LO	5	5.10（1.49）	0.863	0.890	0.777
PI	5	4.58（1.53）	0.910	0.937	0.789

表 4-5 变量间相关系数

变量	VI	ME	TA	GS	SC	TR	SA	LO	PI
VI	*0.832*								
ME	0.453	*0.860*							
TA	0.464	0.545	*0.874*						
GS	0.425	0.523	0.608	*0.872*					
SC	0.404	0.576	0.595	0.600	*0.839*				
TR	0.459	0.461	0.541	0.422	0.610	*0.886*			
SA	0.477	0.521	0.558	0.507	0.610	0.571	*0.817*		
LO	0.383	0.365	0.341	0.351	0.361	0.341	0.608	*0.874*	
PI	0.391	0.394	0.380	0.461	0.430	0.392	0.587	0.570	*0.905*

注：表中对角线上的加粗斜体数值为各变量的 AVE 的平方根值

4.4.2　共同方法偏差分析

当问卷数据来自同一评价者时，评价者答题的一致动机、情绪状态、问项的社会期许以及测量题项本身的特征等有可能导致预测变量与结果变量之间产生人为共变，因而通过同一作答者获取的调查问卷数据都是同源数据，就有可能产生共同方法偏差（common method bias，CMB）[162]，也被称为同源误差。为了最大程度地避免共同方法偏差的产生，在研究设计上，本章利用程序控制方法进行了问卷的详细设计，包括问卷作答者都是匿名填写问卷，问卷发放前进行多角度评价以确保问卷的准确性，在问卷中设置固定问题的固定选项让作答者识别，对同一问题的测量设置多重题项，同一问题出现在问卷不同部分，设置正反两问等，以降低产生共同方法偏差的风险。此外，依据客观统计指标的计算，本章运用两种统计分析方法来评估共同方法偏差的程度。第一种是 Harman 的单因子检验（Harman's single factor test）方法，通过计算模型中的单一因子最大方差解释率来评估共同方法偏差的影响[162]。具体操作为：将模型中的所有变量纳入因子分析中，根据特征值大于 1 的原则，得到 4 个因子，其中单个因子的最大化解释方差程度为 26.6%，这说明共同方法偏差对本章研究没有显著的影响。此外，为充分评估共同方法偏差对本章的影响，参照 Liang 等[163]提及的方法，本章采用了第二种方法检验共同方法偏差。具体操作为：在 PLS 模型中构建一个新变量——共同方法因子，该变量的测量题项包括模型中所有主变量的测量题项，然后统计得出每个测量题项被其相关主变量及共同方法因子变量分别解释的方差值，并计算两个方差值比例。如表 4-6 分析结果表明，本章中主构念对测量题项的平均解释方差为 0.785，共同方法因子对测量题项的平均解释方差为 0.017，其比例是 46.2∶1①。同时，所有测量题项在其相关变量上的因子载荷是显著的，而大部分测量题项在共同方法因子上的载荷都不显著，这表明共同方法偏差对本章研究的影响并不显著，可以进行下一步的分析。

表 4-6　共同方法偏差分析

变量	题项	实质因子载荷	R_1^2	共同方法因子载荷	R_2^2
ITA	ITA1	0.879	0.774	−0.148	0.021
	ITA2	0.889	0.792	−0.275	0.075
	ITA3	0.872	0.760	0.033	0.001

---

① 此处数据均据原始数据计算，因此与表 4-6 中的数据有误差。

续表

变量	题项	实质因子载荷	R_1^2	共同方法因子载荷	R_2^2
ITA	ITA4	0.872	0.760	−0.055	0.003
	ITA5	0.853	0.727	−0.139	0.019
SA	SA1	0.899	0.808	−0.017	0.000
	SA2	0.939	0.882	−0.093	0.009
	SA3	0.938	0.880	0.028	0.000
	SA4	0.924	0.854	0.082	0.007
LO	LO1	0.893	0.797	0.336	0.113
	LO2	0.868	0.753	−0.225	0.051
	LO3	0.882	0.778	0.056	0.003
	LO4	0.896	0.802	−0.071	0.005
	LO5	0.892	0.795	0.024	0.000
PI	PI1	0.799	0.638	0.180	0.032
	PI2	0.878	0.771	−0.024	0.000
	PI3	0.867	0.752	−0.044	0.001
	PI4	0.913	0.833	0.010	0.000
	PI5	0.883	0.780	−0.056	0.003

注：R_1^2 代表的是题项被主构念解释的方差；R_2^2 代表的是题项被共同方法因子解释的方差

4.4.3　模型分析和假设检验

本章采用 SmartPLS 3.0 进行了 SEM 的实证假设验证,通过自举法（bootstrapping）估计程序（$N = 500$）计算路径系数的显著性程度。本章的 SEM 检验结果如图 4-2 所示,假设检验的路径分析结果如表 4-7 所示。由图 4-2 可知,社会化商务购买意向的 R^2 值为 0.672,表明整个模型解释了社会化商务购买意向 67.2%的变动方差,说明技术可供性、满意度和忠诚度对社会化商务购买意向具有较强的解释力度。满意度的 R^2 值为 0.425,表明技术可供性解释了满意度 42.5%的变动方差,说明技术可供性对满意度具有较强的解释力度。忠诚度的 R^2 值为 0.313,表明技术可供性解释了忠诚度 31.3%的变动方差,说明技术可供性对忠诚度具有较强的解释力度。

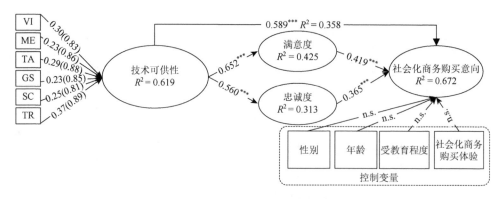

图 4-2　SEM 检验结果

括号外面的数值表示形成型因子的权重；括号里面的数值表示形成型因子的载荷，所有权重
在 $p < 0.001$ 水平上显著

n.s.表示不显著，$p > 0.05$；***表示 $p < 0.001$

表 4-7　假设检验的路径分析结果

假设关系	路径系数	研究假设	检验结果
技术可供性→社会化商务购买意向	0.589***	H4.1	支持
技术可供性→满意度	0.652***	H4.2	支持
技术可供性→忠诚度	0.560***	H4.3	支持
满意度→社会化商务购买意向	0.419***	H4.4	支持
忠诚度→社会化商务购买意向	0.365***	H4.5	支持

***表示 $p < 0.001$

从图 4-2 和表 4-7 中的数据可以看出，技术可供性对社会化商务购买意向的路径系数为 $\beta = 0.589$（$p < 0.001$），该结果说明技术可供性对社会化商务购买意向具有显著的正向影响，因此，H4.1 得到支持。技术可供性对满意度和忠诚度的影响路径系数分别是 $\beta = 0.652$ 和 $\beta = 0.560$，均在 $p < 0.001$ 的水平下显著，这说明技术可供性对满意度和忠诚度具有显著的正向影响，因此，H4.2 和 H4.3 得到支持。满意度与忠诚度对社会化商务购买意向的影响系数分别是强关系与弱关系对感知信息诊断性的影响系数，数值分别为 $\beta = 0.419$（$p < 0.001$）和 $\beta = 0.365$（$p < 0.001$），该结果说明满意度与忠诚度对社会化商务购买意向均具有显著的正向影响，H4.4 和 H4.5 得到支持。此外，性别、年龄、受教育程度和社会化商务购买体验等控制变量对社会化商务购买意向的影响系数均不显著。

为了检验满意度和忠诚度在技术可供性与社会化商务购买意向关系中的作用是完全中介还是部分中介，本章进行了中介分析。首先，本章构建了一个备择模型，将满意度与忠诚度移出原有模型，分析了技术可供性对社会化商务购买意向的直接影响，结果显示技术可供性对社会化商务购买意向的直接影响路径系数为 $\beta = 0.589$，在 $p < 0.001$ 的水平上显著，这说明技术可供性对社会化商务购买意向的主效应成立，具备了将满意度和忠诚度作为中介效应进行分析的前提。其次，在原有模型的基础上，添加自变量对因变量的直接影响关系线，检验自变量对因变量的路径系数变化情况。分析结果显示，加上满意度与忠诚度构念后，技术可供性对社会化商务购买意向的路径系数值从 0.589 下降到 0.150，说明满意度和忠诚度在技术可供性对社会化商务购买意向的影响中发挥了部分中介作用。

4.4.4　研究结果与讨论

本章基于技术可供性理论，构建了技术可供性对社会化商务购买意向影响的理论模型，并检验了满意度与忠诚度对这一影响的中介作用。研究在理论上实证检验了技术可供性构念的意义及实践应用价值。研究结果如下。

（1）技术可供性能够正向影响社会化商务购买意向，这再次验证了第 3 章发展的社会化商务技术可供性构念，表明这一构念能够作为社会化商务行为的解释变量，具有良好的预测效度。此外，这一研究结果也与现有研究中 Animesh 等[101]和张洪等[19]提出的技术特征能够影响购买意向的结论相一致。在社会化商务领域，现有文献提出的社会化商务技术特征在逻辑上比较分散，也没有具体地涉及，还不能在微观层面具体地揭示技术特征能够实现的具体行为目标。社会化商务技术可供性恰好能够在理论上弥补这一缺陷。这对从技术角度研究社会化商务具有较大的理论价值和启发性，不仅为理解社会化商务复杂的技术特征提供了理论基础，也为学者日后从技术层面识别其他重要的技术特征提供了文献支持和选择思路，使技术可供性理论的应用更加具有针对性和现实价值。同时，根据本书提出的技术可供性，社会化商务的实践者（如社会化商务平台的设计者）可以依据可供性的内涵，进一步改进社会化商务平台的技术特征，提升人机交互体验感，为用户设计更多能够更好促进其购物交易完成可能性的技术特征，使买卖双方都受益。

（2）满意度和忠诚度在技术可供性对社会化商务购买意向的影响中起了部分中介作用。我们检验了技术可供性对满意度和忠诚度均具有正向的影响，满意度和忠诚度也均正向地影响社会化商务购买意向。这一方面验证了 Wang 等指出的 IT 特征能够促进人在情感方面的认知[164]，增强用户对社会化商务活动的体验效果。也在此验证了，满意度和忠诚度也是用户在社会化商务情境中心理认知方面的重要影响变量。这为社会化商务的实践者提供了改进策略：对平台设计者而言，可以完善技术特征的功能，增强用户体验，提高用户对平台的满意度和忠诚度；

对社会化商务的卖家而言，在与顾客的交易过程中，也要关注对用户满意度和忠诚度的培育，以促进交易达成。

4.5　理论贡献与实践启示

本章在第 3 章的理论基础上，基于技术可供性理论，首先分析了技术可供性对满意度和忠诚度的影响机理，以及满意度和忠诚度对社会化商务购买意向的影响机理，并完成了假设推演；其次，构建了满意度和忠诚度在技术可供性与社会化商务购买意向关系中的中介作用模型；最后，基于 PLS 的结构方程，运用 SmartPLS 3.0 软件对假设进行了检验分析。数据分析结果表明，技术可供性对满意度和忠诚度均具有显著的正向影响，并且满意度和忠诚度在技术可供性与社会化商务购买意向之间起到了部分中介作用。

第5章　社会化商务技术可供性对买卖双方关系形成的影响机理研究

在社会化商务中，买家与卖家在线下可能是互不相识的人，社交媒体技术能够将线下的陌生人转为线上好友，使买家与卖家建立起以购物为导向的关系。技术可供性理论为在社会化商务情境下技术如何促进买卖关系的形成提供了理论基础。基于技术可供性理论能够从整体上理解技术的使用和社会化商务情境下买卖双方关系形成的逻辑关联。因此，本章依据技术可供性理论、社会资本理论与关系理论，构建了买卖双方关系形成的模型，探索了社会化商务技术可供性如何促进这种关系的形成，为后续章节的研究奠定基础。

5.1　问　题　描　述

通过社会化的互动，社会化商务的各项活动得以顺利开展。随着社会化商务的日益流行和普及，越来越多的研究开始探索用户参与社会化商务的驱动原因。虽然很难明显用一种原因来解释社会化商务的成功发展，但在大量的影响因素中，学者和实践者对社会关系对社会化商务发展的重要性的认知已达成共识[44, 165, 166]。事实上，在社会化商务情境中，存在多方的关系群，如买家-买家、卖家-卖家、买家-卖家。然而，买家与卖家的关系是两个尤其重要的方面，因为这两方直接关系到买卖交易，是交易达成的两个必备参与方[167]。

先前的研究已经证实了社会化商务的本质特征就是利用社会关系进行商务活动[44]。这种关系能够快速、容易地建立、保持，甚至转化成商业流。事实上，买卖双方在互动交流过程中建立的关系在广义上来讲也是一种个人之间的关系，这种关系被广泛应用在商务情境中，尤其是对中国的商务发展来说，关系起到的作用更大[86]。通过双方互惠化的行为及双方个人间和谐的社会化互动活动，关系不仅能够帮助调节交易过程，还能有助于增强交易的有效性[83, 88]。因此，理解社会化商务中买家与卖家的这种关系的本质内涵是非常必要的。除此之外，在线商务交易平台在制度上对消费者的保护，即以信任为基础的制度保障是很弱的，因而卖家与买家更倾向于建立这种个人间的关系来达成交易[168]。Ou等指出，在电子商务平台上，以计算机为媒介的交流（computer-mediated-communication，CMC）技术能够促进买卖双方建立一种快捷关系（swift guanxi）[83]。根据之前章节的研究可知，社会化商务技术可供性不仅促进了买卖双方的交流，还包含了其他支持用户开展交易活动的技术可供性。然而，技术可供性能否以及如何促进买卖双方关系的建立还未得到过充分的探讨和研究。本章以微信购物交易中买卖双方关系的形成为切入点，以社会化商务技术可供性构念为前因变量，探索社会化商务情境中买卖双方关系的形成机制，并为利益相关方（买家、卖家、平台设计者）提供相关的决策建议。

5.2　理论分析与研究假设

5.2.1　技术可供性对买卖双方强弱关系形成的机理分析

关系是指两个或两个以上个体之间的一系列交互活动[84]，是通过互惠的交换或共同的责任将利益伙伴关联到一起的一种反映[85]。不同于传统意义上的关系，社会化商务中的关系是买家基于社会化购买目标在与卖家交互过程中对与卖家快速形成的一种人际关系的感知[83]。随着这种交互的加深，买卖双方的关系也会呈现不同的类型，表现出不同的程度。根据 Granovetter[34]的研究，依据关系强度对关系的划分及前几章的理论分析，本章认为社会化商务中卖家与买家的关系也有强弱之分。在本书中，强关系是指买家与卖家建立的一种强连接，他们投入了大量交互时间，发展了情感上十分紧密的关系，能够持续性地为彼此提供情感上的支持以及实质性的互惠。弱关系是指买家与卖家建立的一种较弱的连接，在这种连接中双方可以获得新颖的、有用的信息，然而他们之间并没有太多的情感支持，且不会完全互相信赖。尽管这两种类型的买卖双方关系在亲密度上存在很大不同，但他们并不是互相排斥的，二者都能为买卖双方从不同方面带来利益。

社会化商务技术可供性充分利用了社交媒体的特征，促进了买家和卖家的互动，同时整合了电子商务平台的属性，使买卖双方的交易以社会化、互动化、协作化的方式完成[169]。这种创新的商业模式正是利用了技术从而使得买家和卖家能够同时积极地主动参与成为可能。Steinfield 等指出社交媒体和社交网站的使用能够促进用户社会关系的建立[170]。Ellison 等运用横截面数据分析发现 Facebook 的使用与弱关系的建立有很强的相关性[32]。Phua 等检验了 SNS 对强关系和弱关系社会资本形成的促进作用[171]。Sheer 和 Rice 认为移动即时通信技术的使用会促进黏连接和桥连接两种类型社会资本的形成[67]。Ou 等以淘宝为研究对象，检验了即时通信、消息盒子和反馈系统三种 CMC 技术会促进买卖双方之间形成一种快捷关系[83]。在这些研究的基础上，本章认为社会化商务技术也能够促进社会化商务情境中买卖双方关系的形成。尽管社会化商务技术可供性所展现出来的技术特征不同于以往研究中的技术（如即时通信技术）。但是，依据前几章的理论分析，该技术可供性能够充分地涵盖社会化商务交易过程对技术功能性的需求。此外，本章认为技术可供性同时影响用户对不同类型关系的感知程度。同时，作为动态概念，关系强度也不能静态地体现在平台设计当中。根据适用调节理论，用户对同样的技术特征的感知也会不一样。也就是说，不同的用户会用不同的方式感知技术可供性，从而用户间会形成不同的关系类型。因此，提出如下假设。

H5.1a：技术可供性对买家与卖家强关系的形成具有正向影响。

H5.1b：技术可供性对买家与卖家弱关系的形成具有正向影响。

5.2.2　技术可供性影响交互性的机理分析

交互性在本书中的定义为买家和卖家基于技术可供性进行互动的程度。在现有 IS 领域的研究中，很多研究者在努力探索技术如何影响社会化互动[172]。IT 驱动的交流途径的广泛应用提高了其传输信息的能力，即便是在相对表面化的渠道，也会潜在地引起深层次的互动[173]。在社会化商务情境中，技术可供性所展现出来的技术特性能够通过涵盖买卖双方以交易为主导的交互，促使买卖双方在各个方面的互动成为可能。这种交互性促进了买卖双方对交易过程所需环节的验证与沟通。由于社交网络嵌入社会化商务平台中，买卖双方能够利用这种双向的交流技术，伴随着高程度的个体控制以及同步性来获取与产品相关的信息和知识[174]。这三方面（双向交流、个体控制、同步性）正是交互性所涵盖的三个维度。现有研究已经证明交互性通过这三个维度能够促进在线商务中商务关系的建立[83, 175]。同时，这种关系的建立是一个动态的过程。由于买卖双方建立关系的动机、投入以及对即将建立关系的承诺各异，每一种类型的关系的建立都是未知且不可预测的。技术可供性恰恰能够为支持买卖双方在交易过程中进行充分的交互提供必要的支持。考虑到技术可供性的特点，本书认为买家可以选择目标卖家，并通过六种具体的技术可供性维度与其进行深度交互。从而本书认为六种具体的技术可供性维度能够在不同方面不同程度地对交互性产生影响。

1. 可视性对交互性的影响

可视性能够将产品的图片和信息展现给买家，通过降低产品在视觉方面产生的不确定性帮助买家降低感知风险。在可视性下，卖家能够同时将产品图片和相关的信息呈现给买家，相应地，买家在与卖家的交互过程中也会因为相关信息可视而产生更多积极的感觉。进一步来讲，在在线交易中，买家更容易依赖文本描述和产品图片所产生的影响[176]，这些视觉线索会增强交易的透明度，降低由信息不对称和产品不确定性引起的负面溢出效应。据此，可视性将会刺激买家与卖家的交互。基于此，提出如下假设。

H5.2a：可视性对买家与卖家的交互具有正向影响。

2. 表达性对交互性的影响

根据 Lowry 等的研究，对信息进行交换是交互性的一个重要表现方面[177]。表达性是技术可供性的一个重要方面。表达性能够帮助买家和卖家在交互过程中互相对产品进行评价及提供反馈。当买家在社会化商务平台表达他们的观点时，他们可以与卖家用一种非正式的双向沟通方式进行交流，如语音通话或留言，这能够有效地促使他们对产品相关信息进行交换，有助于买家与卖家解决产品在交易过程中产生的相关问题。表达性将个人的声音和反馈整合到交互性的对话中，能够提高买卖双方的交互水平。因此，提出如下假设。

H5.2b：表达性对买家与卖家的交互具有正向影响。

3. 提醒关注性对交互性的影响

提醒关注性将与产品或服务有关的信息变化通知给买家，使得买家能够在第一时间了解产品变化动态。如此，对信息的接收会刺激买家对新信息的好奇心以及对其进行深度了解的求知欲。一旦接收此类信息，买家就会主动与卖家进行互动，甚至卖家也会积极地进行配合。因此，提醒关注性这种可供性为买卖双方的对话创造了开始的契机，有助于买卖双方的互动。因此，提出如下假设。

H5.2c：提醒关注性对买家与卖家的交互具有正向影响。

4. 购物导向性对交互性的影响

购物导向性能够向买家提供个性化的服务。类似产品推荐服务，购物导向性能够明确或含蓄地获得个体消费者对产品的兴趣和偏好，随后向其推荐满足其需要的产品[150]。从一定意义上来说，这种导向性是一种交互过程的体现，因为它是以互动过程为基础的，在这个过程中卖家得以了解买家的兴趣和爱好，并做出具有针对性的导向服务。因此，提出如下假设。

H5.2d：购物导向性对买家与卖家的交互具有正向影响。

5. 社会化连接性对交互性的影响

社会化连接性使买家和卖家能够很容易很迅速地建立连接。一旦这种连接建立，买家和卖家便可以相互沟通并进行双向的自由互动。同时，对卖家而言，C2C平台上存在的主要是以陌生人为主的一次性购买[178]，卖家与买家之间的连接建立了以后，双方便希望努力顺利达成本次交易，并希望这种暂时的连接关系能够持续，因而他们的连接互动会促进深层次的交互。因此，提出如下假设。

H5.2e：社会化连接性对买家与卖家的交互具有正向影响。

6. 交易性对交互性的影响

交易性这种可供性通过向买家提供各种方便的支付途径进而促使交易最终完成。买家对其订单完成支付，意味着该次交易的终止。通常情况下，当交易达成时，买家和卖家都希望有进一步的交互。买家希望本次交易的顺利达成能够为下次交易争取更多的特权（如优惠折扣）；卖家则希望将买家这次的一次购买行为变成持续性购买行为，将买家变成其商品的忠诚客户。他们也希望买家能够在收到产品后给予积极正向的评价，并通过社交网络积极宣传其产品，利用口碑效应为其产品进行宣传。因而，交易可供性能够增强买家和卖家的互动，在交易达成的"最后一公里"充分实现交互。因此，提出如下假设。

H5.2f：交易性对买家与卖家的交互具有正向影响。

5.2.3　交互性对买卖双方强弱关系形成的机理分析

交互性是指买家与卖家在互动过程中产生的一种主观感受[83]。在在线社会化商务平台中，交互性为消费者提供了一种为其购买决策获取额外补充信息的方式。由于在时间和空间上分离的限制，买卖双方在交易过程中存在信息不对称、机会主义、不确定性等风险，交互性能够在很大程度上降低这些风险[99]。根据 Kane 等的研究，互动性包括离散的、暂时的关系活动，形式诸如卖家在其微信群发出红包或买家在其朋友圈页面点赞等行为[1]。这些活动恰恰在创造或改变买卖双方的现存关系状况。IS 领域的研究指出用户的社交网络可以通过虚拟的交互活动创造[33]。社交媒体也能够拓展这种 IT 支持下的社会化连接，并能够在更大范围支持关系流（如代理、关系、互动等）的创建[1, 179]。因此，不同的关系类型能够从根本上体现不同的社交网络环境，不同的网络环境以不同的方式影响着不同类型关系的形成。

交互性被认为是商业关系形成过程中的有效因素。它体现出了买卖双方较大程度的参与和交流[180]，并对买卖双方对话的建立起了重要作用。通过社交媒体途径与其有社会化连接关系的人互动，能够创造、维持和增强社会关系[67]。与传统的电子商务平台相比，社会化商务平台为买家提供了更多的机会，能够让其在更大的网络范围内与目标卖家进行互动。这种混合了传统个人间交互与依托社会化商务媒介的人际交互的方式为买卖双方关系的建立提供了坚实有效的基础[83]。此外，在社会化商务平台，买卖双方间的交互程度的体现并不一样。由于用户的属性不同，每个用户与其他用户交互的程度都具有特殊性，因而用户对其与不同用户互动的感知也不同。相应地，本章认为买家对其与卖家互动的不同感知会对其强弱关系的建立产生不同的影响。

本章认为买家和卖家的关系并非都是相同的。从买家的视角来看，他们在与卖家交互的过程中，与卖家形成强关系和弱关系两种类型的关系的可能性都有。在社会化商务情境中，因为买家的社会化商务需求不能由单一卖家满足，所以一个买家在其社会化商务需求过程中不是单和一个卖家进行交流，而是与很多卖家进行互动。这也为买家与不同卖家建立不同类型的关系提供了先决条件。在买卖双方的互动过程中，强弱关系的形成是相关的，但并不是等价的。如果买卖双方的互动仅仅是为了当前的交易（如询问价格），他们之间建立的关系必然停留在弱关系的层面。然而，买卖双方的互动并非总是如此肤浅。在很多时候，买卖双方互动讨论的内容不只局限于产品相关的信息，可能拓展到个人兴趣，甚至发展了情感支持方面的互动。随着买卖双方对其之间的互动投入的时间、精力的增多和努力程度的加深，他们之间建立的关系也就更紧密，因而强关系更容易形成。也就是说，买家与卖家的互动既有助于其强关系的建立，也有助于其弱关系的建立。因此，提出如下假设。

H5.3a：买家与卖家的交互对其强关系的建立具有正向影响。

H5.3b：买家与卖家的交互对其弱关系的建立具有正向影响。

5.2.4　感知制度机制有效性对交互性与买卖双方强弱关系形成的调节机理分析

尽管中国电子商务发展迅速，但其制度性的保障并不完善，还处于发展阶段。在电子商务平台上存在很多风险隐患，如信息不对称、交易不确定、潜在机会主义等[141]。这些隐患极大地阻碍了买家与卖家信任的确立，进而阻碍了他们之间关系的建立。然而，在另一层面上对消费者来说，正是这种较弱的制度保护和风险的存在，才使得买卖双方在交易过程中更青睐这种个人间关系的建立[168]。研究表明感知制度机制有效性对在线商务交易的达成起到了必要的作用，例如，一旦买家感知到有制度在保障他们的交易安全，他们对在线交易的风险感知便降低，同时对与卖家建立关系的不确定性风险的感知也会降低[180]。感知制度机制有效性是指消费者对在线交易平台中存在的第三方保护机制有效性的感知[141]。例如，淘宝平台的支付宝保护机制会保障消费者在收到货物前的钱款安全。在社会化商务平台中，买家能够通过社会化的交互与卖家交流，并确立关系。通过交互，买家不仅可以了解到与产品或服务相关的信息，而且还可以对卖家有进一步的了解。如果买家对感知制度机制有效性的感知性较高，那么他们在与卖家的交互以及交易过程中对风险的感知就会大大降低，因而更愿意通过信息的交换或情感的交流实现共同理解，即社会化商务交易的感知风险越低，感知制度机制有效性对买卖双方关系建立的影响就越大。特别的是，这种影响在买卖双方强关系的建立上更明显。当感知制度机制有效性存在于这种社会化商务交易中时，买家将会倾注更多的精力与卖家交流，而不是有所顾忌地因为风险的存在减少交流。考虑到社会化商务情境，感知制度机制有效性将对交互性与社会化商务情境中买卖双方强弱关系的形成起到调节作用。基于此，提出如下假设。

H5.4a：当感知制度机制有效性较高时，买家与卖家的交互对其强关系建立的影响更大。

H5.4b：当感知制度机制有效性较高时，买家与卖家的交互对其弱关系建立的影响更大。

5.2.5　控制变量

为了检测假设检验和降低控制变量对因变量的影响，本章选取了性别、年龄、受教育程度和社会化商务购买体验作为控制变量。前三个变量代表了个体用户不同的社会属性特征，这会影响他们的社会化购物的行为模式。社会化商务购买体验描述了用户使用该平台的相对频率，可以预测用户的购买趋向。

本章的研究模型如图 5-1 所示。

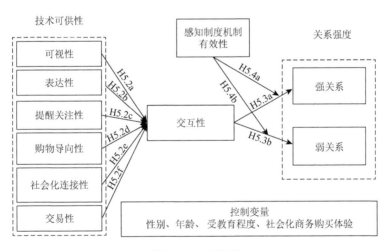

图 5-1　研究模型

5.3　实证研究设计

5.3.1　问卷设计与量表编制

本章采用问卷调查方法进行模型假设的验证。为确保内容效度，根据社会化购物情境，研究模型中大部分变量的测量题项来自对现有文献中测量题项的改编。

问卷采用七点利克特量表，其中 1 代表非常不同意，7 代表非常同意。本章共涉及 10 个变量，其中二阶因子变量技术可供性参考 Dong 等的研究，包括可视性、表达性、提醒关注性、购物导向性、社会化连接性和交易性 6 个维度[153]；交互性参考 Ou 等的研究[83]。感知制度机制有效性参考 Fang 等的研究[141]。由于现有研究缺乏对强弱关系的测量工具，在参考 Williams 对强弱社会资本度量的研究[81]以及强弱关系内涵的基础上，一并考虑"中国式关系"在社会化商务中的体现，根据量表开发程序[132, 153]，本章对社会化商务中形成的买卖双方强弱关系进行了重新度量与验证，最终得到 18 个测量题项（附表 3 和附表 4）。确认测量题项后，为了保证对原题项内容理解与应用的准确性以及对原题项语言翻译的准确性，本节依据 4.3.1 节量表转译程序对量表进行进一步修正。

5.3.2 数据收集

本章主要探讨的是在社会化商务情境中，信息技术可供性如何影响买卖双方关系的形成。由于社会化购物平台有很多（如 Pinterest、美丽说、蘑菇街、豆瓣网、微博、QQ 空间、微信），本章选取微信作为研究对象，进行问卷调查。数据收集时间为 2016 年 4 月 6 日至 2016 年 4 月 25 日，主要通过问卷星平台发布，共收集数据 931 份，根据数据筛选标准（如数据缺失、无微信购物体验、问卷作答时间太短、正反向题项回答不一致），剔除无效数据后得到有效数据 511 份，有效作答率为 54.9%。表 5-1 为样本的描述性统计分析。

表 5-1 样本的描述性统计分析（$N = 511$）

统计变量	类别	样本量	比例
性别	男性	150	29.4%
	女性	361	70.6%
年龄	20 岁以下	30	5.9%
	20 岁至 29 岁	294	57.5%
	30 岁至 39 岁	143	28.0%
	40 岁至 49 岁	38	7.4%
	50 岁及以上	6	1.2%
受教育程度	高中及以下	14	2.7%
	专科	63	12.3%
	本科	215	42.1%
	硕士研究生	147	28.8%
	博士研究生	72	14.1%

续表

统计变量	类别	样本量	比例
社会化商务购买体验	半年以下	253	49.5%
	半年至 1 年（不含）	72	14.1%
	1 年至 1 年半（不含）	86	16.8%
	1 年半至 2 年（不含）	39	7.6%
	2 年及以上	61	11.9%

5.3.3　数据分析方法的选择

本节需要选择可靠的数据分析方法进行研究模型的分析。与第 4 章的逻辑类似，本章研究模型中所包含的变量的测量题项大多是根据现有研究中的成熟量表改编而来。为了保证改编后的量表能有效地反映本章研究的情境内容，本章先进行探索性因子分析，确认测量题项，然后进行验证性因子分析。具体操作步骤详见 4.4.3 节的论述。

5.4　数据分析与结果讨论

5.4.1　测量模型的信度与效度分析

测量模型的检验主要是指信度和效度的分析。本章使用 Cronbach's Alpha 信度系数值和组合信度值[161]来评估潜变量的稳定性及可靠性。如表 5-2 所示，所有变量的 Cronbach's Alpha 信度系数值均大于 0.7，组合信度均大于 0.7，这表明变量具有良好的信度[137]。通过检验因子载荷及 AVE 来评估变量的组合信度[161]，如表 5-2 所示，所有变量的 AVE 值均大于 0.5；如表 5-3 所示，所有构念因子的聚合性值（即 AVE 的平方根值，对角线上的加粗斜体数值）都大于阈值 0.7，说明测量题项具有良好的组合信度[130]。本章通过检验测量题项的交叉载荷系数，并根据 Fornell-Larcker 准则比较分析每个变量的 AVE 的平方根值是否大于它与其他变量的相关系数值来评估区分效度[161]。如表 5-4 所示，研究所涉及的变量的测量题项负载在其对应主变量上的因子载荷系数值都远远大于这些题项负载在其他变量上的交叉载荷系数值；如表 5-3 所示，每个变量的 AVE 的平方根值都大于它与其他变量的相关系数值，这说明不同测量变量之间具有良好的区分效度。

表 5-2　变量的信度与效度

变量	均值（标准差）	CA	CR	AVE
VI	4.62（1.25）	0.851	0.899	0.691
ME	4.87（1.43）	0.912	0.934	0.740
TA	5.15（1.27）	0.897	0.928	0.764
GS	4.55（1.41）	0.894	0.927	0.760
SC	5.05（1.31）	0.859	0.904	0.703
TR	5.29（1.23）	0.864	0.917	0.786
IN	4.76（1.12）	0.900	0.923	0.667
PEIM	4.36（1.36）	0.901	0.931	0.770
ST	4.11（1.45）	0.965	0.971	0.829
WT	4.84（1.10）	0.817	0.876	0.641

表 5-3　变量间相关系数

变量	VI	ME	TA	GS	SC	TR	IN	PEIM	ST	WT
VI	*0.832*									
ME	0.453	*0.860*								
TA	0.464	0.545	*0.874*							
GS	0.425	0.523	0.608	*0.872*						
SC	0.404	0.576	0.595	0.600	*0.839*					
TR	0.459	0.461	0.541	0.422	0.610	*0.886*				
IN	0.477	0.521	0.558	0.507	0.610	0.571	*0.817*			
PEIM	0.383	0.365	0.341	0.351	0.361	0.341	0.608	*0.878*		
ST	0.391	0.394	0.380	0.461	0.430	0.392	0.587	0.570	*0.910*	
WT	0.382	0.391	0.431	0.423	0.555	0.483	0.635	0.396	0.491	*0.800*

注：对角线上的加粗斜体数值为各变量的 AVE 的平方根值，根据 AVE 的原始值计算得出

表 5-4　交叉载荷系数

变量	VI	ME	TA	GS	SC	TR	IN	PEIM	ST	WT
VI1	*0.842*	0.404	0.413	0.309	0.380	0.394	0.443	0.332	0.295	0.336
VI2	*0.881*	0.356	0.374	0.362	0.302	0.381	0.366	0.318	0.280	0.305
VI3	*0.803*	0.394	0.375	0.390	0.357	0.400	0.401	0.289	0.325	0.301
VI4	*0.798*	0.346	0.375	0.356	0.292	0.345	0.367	0.334	0.405	0.326
ME1	0.383	*0.818*	0.446	0.376	0.432	0.414	0.446	0.328	0.329	0.316
ME2	0.381	*0.866*	0.412	0.471	0.478	0.385	0.469	0.327	0.380	0.359

变量	VI	ME	TA	GS	SC	TR	IN	PEIM	ST	WT
ME3	0.401	**0.904**	0.474	0.463	0.490	0.390	0.441	0.297	0.340	0.319
ME4	0.360	**0.852**	0.524	0.452	0.585	0.402	0.438	0.274	0.300	0.348
ME5	0.424	**0.859**	0.488	0.485	0.495	0.390	0.444	0.342	0.343	0.339
TA1	0.381	0.494	**0.871**	0.512	0.488	0.520	0.450	0.290	0.325	0.377
TA2	0.455	0.496	**0.891**	0.551	0.547	0.431	0.543	0.349	0.413	0.395
TA3	0.407	0.445	**0.891**	0.588	0.517	0.454	0.464	0.299	0.350	0.374
TA4	0.372	0.468	**0.843**	0.476	0.524	0.497	0.485	0.248	0.230	0.360
GS1	0.335	0.465	0.519	**0.831**	0.543	0.383	0.425	0.216	0.276	0.366
GS2	0.404	0.442	0.545	**0.903**	0.541	0.404	0.460	0.310	0.407	0.370
GS3	0.366	0.453	0.513	**0.882**	0.510	0.345	0.427	0.337	0.443	0.371
GS4	0.374	0.464	0.544	**0.871**	0.498	0.340	0.454	0.360	0.478	0.369
SC1	0.271	0.337	0.404	0.407	**0.742**	0.394	0.402	0.203	0.247	0.415
SC2	0.374	0.558	0.514	0.563	**0.870**	0.500	0.541	0.340	0.360	0.513
SC3	0.328	0.514	0.534	0.494	**0.879**	0.562	0.543	0.310	0.350	0.458
SC4	0.371	0.497	0.531	0.534	**0.856**	0.569	0.544	0.339	0.463	0.473
TR1	0.361	0.331	0.442	0.334	0.522	**0.867**	0.456	0.292	0.332	0.406
TR2	0.430	0.434	0.524	0.404	0.576	**0.920**	0.538	0.324	0.355	0.432
TR3	0.424	0.451	0.469	0.379	0.521	**0.871**	0.519	0.289	0.354	0.445
IN1	0.395	0.358	0.419	0.365	0.405	0.474	**0.752**	0.573	0.417	0.449
IN2	0.338	0.403	0.442	0.402	0.448	0.406	**0.796**	0.525	0.415	0.471
IN3	0.386	0.442	0.461	0.413	0.543	0.494	**0.844**	0.512	0.527	0.538
IN4	0.396	0.518	0.442	0.462	0.508	0.439	**0.795**	0.505	0.515	0.524
IN5	0.386	0.401	0.480	0.398	0.529	0.483	**0.840**	0.421	0.473	0.546
IN6	0.433	0.422	0.488	0.438	0.541	0.499	**0.866**	0.462	0.514	0.571
PEIM1	0.326	0.313	0.329	0.327	0.324	0.313	0.552	**0.872**	0.490	0.350
PEIM2	0.343	0.314	0.316	0.306	0.310	0.299	0.512	**0.861**	0.521	0.328
PEIM3	0.313	0.324	0.279	0.287	0.325	0.297	0.530	**0.880**	0.485	0.365
PEIM4	0.363	0.331	0.274	0.314	0.309	0.287	0.539	**0.898**	0.505	0.349
ST1	0.367	0.391	0.371	0.414	0.411	0.403	0.583	0.532	**0.880**	0.466
ST2	0.330	0.358	0.395	0.393	0.393	0.384	0.582	0.534	**0.909**	0.476
ST3	0.349	0.374	0.362	0.437	0.408	0.396	0.559	0.509	**0.921**	0.462
ST4	0.373	0.359	0.319	0.436	0.382	0.339	0.524	0.516	**0.929**	0.430
ST5	0.383	0.357	0.352	0.436	0.412	0.329	0.519	0.535	**0.925**	0.435
ST6	0.370	0.331	0.311	0.406	0.385	0.341	0.483	0.505	**0.913**	0.431

变量	VI	ME	TA	GS	SC	TR	IN	PEIM	ST	WT
ST7	0.313	0.335	0.299	0.417	0.340	0.295	0.475	0.496	*0.893*	0.419
WT1	0.222	0.248	0.282	0.270	0.345	0.291	0.414	0.247	0.207	*0.703*
WT2	0.268	0.278	0.306	0.257	0.408	0.360	0.431	0.235	0.238	*0.799*
WT3	0.331	0.344	0.389	0.401	0.504	0.434	0.540	0.367	0.521	*0.836*
WT4	0.370	0.359	0.381	0.390	0.489	0.432	0.607	0.381	0.507	*0.855*

注：加粗斜体值表示变量的测量题项在该变量上的因子载荷值

5.4.2　共同方法偏差分析

本章在统计上采用两种分析方法检验共同方法偏差。一种是 Harman 的单因子检验方法，通过计算模型中的单一因子最大方差解释率来评估共同方法偏差的影响[162]。具体操作为：将模型中的所有变量纳入因子分析，根据特征值大于 1 的原则，提取 12 个因子，其中单个因子最大化解释方差的程度为 13.74%，这说明共同方法偏差对本章研究的影响不大。另一种是参照 Liang 等[163]提及的方法，同时也参照 4.4.2 节中该方法的检验程序，进行相应数值的分析。从表 5-5 的分析结果看，本章研究中主构念对测量题项的平均方差解释率为 0.748，共同方法因子对测量题项的平均解释方差率为 0.008，二者比例为 93.5∶1①。同时，所有测量题项负载在其相关构念上的因子载荷是显著的，而大部分测量题项负载在共同方法因子上的载荷不显著，这表明共同方法偏差对本章研究的影响并不显著[163]。

表 5-5　共同方法偏差分析

构念	题项	实质因子载荷	R_1^2	共同方法因子载荷	R_2^2
VI	VI1	0.812	0.659	0.027	0.001
	VI2	0.952	0.906	−0.093	0.009
	VI3	0.768	0.590	0.046	0.002
	VI4	0.788	0.621	0.029	0.001
ME	ME1	0.801	0.642	0.016	0.000
	ME2	0.864	0.746	−0.000	0.000
	ME3	0.950	0.903	−0.063	0.004
	ME4	0.840	0.706	0.021	0.000
	ME5	0.840	0.706	0.031	0.001

① 此处数值均根据原始数据计算，因此与表 5-5 中的数据有误差。

构念	题项	实质因子载荷	R_1^2	共同方法因子载荷	R_2^2
TA	TA1	0.902	0.814	−0.033	0.001
	TA2	0.820	0.672	0.087	0.008
	TA3	0.910	0.828	−0.020	0.000
	TA4	0.866	0.750	−0.036	0.001
GS	GS1	0.862	0.743	−0.044	0.002
	GS2	0.905	0.819	−0.005	0.000
	GS3	0.892	0.796	−0.009	0.000
	GS4	0.829	0.687	0.056	0.003
SC	SC1	0.884	0.781	−0.163	0.027
	SC2	0.841	0.707	0.035	0.001
	SC3	0.887	0.787	−0.015	0.000
	SC4	0.755	0.570	0.123	0.015
TR	TR1	0.928	0.861	−0.073	0.005
	TR2	0.902	0.813	0.023	0.001
	TR3	0.830	0.689	0.048	0.002
IN	IN1	0.774	0.599	−0.017	0.002
	IN2	0.910	0.828	−0.124	0.015
	IN3	0.805	0.648	0.043	0.002
	IN4	0.668	0.446	0.142	0.020
	IN5	0.892	0.796	−0.062	0.004
	IN6	0.851	0.724	0.015	0.000
PEIM	PEIM1	0.857	0.734	0.023	0.001
	PEIM2	0.841	0.707	0.027	0.001
	PEIM3	0.899	0.808	−0.028	0.001
	PEIM4	0.913	0.834	−0.021	0.000
ST	ST1	0.784	0.615	0.121	0.015
	ST2	0.867	0.752	0.053	0.003
	ST3	0.902	0.814	0.024	0.001
	ST4	0.957	0.916	−0.036	0.001
	ST5	0.936	0.876	−0.011	0.000
	ST6	0.967	0.935	−0.068	0.005
	ST7	0.956	0.914	−0.080	0.006

续表

构念	题项	实质因子载荷	R_1^2	共同方法因子载荷	R_2^2
WT	WT1	0.881	0.776	−0.191	0.036
	WT2	0.979	0.958	−0.208	0.043
	WT3	0.682	0.465	0.177	0.031
	WT4	0.691	0.477	0.190	0.036

注：R_1^2 代表的是题项被主构念解释的方差；R_2^2 代表的是题项被共同方法因子解释的方差

5.4.3 结构模型分析和假设检验

作为理论探索性研究，本章采用 SmartPLS 3.0 进行了 SEM 的路径假设验证，采用 SPSS 18.0 及分层逐步回归方法进行了调节效应检验。调节效应的具体操作是在回归模型步骤 1 中仅保留了控制变量，在回归模型步骤 2 中增加了主效应的因变量，回归模型步骤 3 在回归模型步骤 2 的基础上增加了感知制度机制有效性的交互效应。整个模型的检验结果如图 5-2 所示，假设检验的路径分析结果如表 5-6 所示。由图 5-2 可知，整个模型对强关系和弱关系解释的 R^2 值分别为 0.345 和 0.404，表明整个模型解释了社会化商务中强关系形成 34.5%的变动方差，弱关系形成 40.4%的变动方差，说明技术可供性、交互性和感知制度机制有效性对社会化商务情境中买卖双方强弱关系的形成都具有较强的解释力。交互性的 R^2 值为 0.502，表明技术可供性解释了社会化商务中交互性 50.2%的变动方差，说明技术可供性对交互性具有较强的解释力。

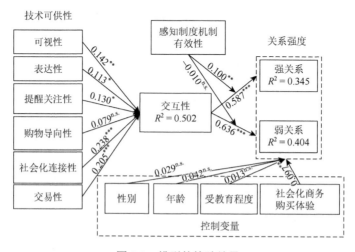

图 5-2　模型的检验结果

***表示 $p<0.001$；**表示 $p<0.01$；*表示 $p<0.05$；n.s.表示 $p>0.05$

表 5-6　假设检验的路径分析结果

路径	路径系数	显著水平	检验结果
H5.1a: 技术可供性→强关系	0.411	$p<0.001$	支持
H5.1b: 技术可供性→弱关系	0.498	$p<0.001$	支持
H5.2a: 可视性→交互性	0.142	$p<0.01$	支持
H5.2b: 表达性→交互性	0.113	$p<0.05$	支持
H5.2c: 提醒关注性→交互性	0.130	$p<0.05$	支持
H5.2d: 购物导向性→交互性	0.079	$p>0.05$	不支持
H5.2e: 社会化连接性→交互性	0.238	$p<0.001$	支持
H5.2f: 交易性→交互性	0.205	$p<0.001$	支持
H5.3a: 交互性→强关系	0.587	$p<0.001$	支持
H5.3b: 交互性→弱关系	0.636	$p<0.001$	支持
H5.4a: 感知制度机制有效性×交互性→强关系	0.100	$p<0.01$	支持
H5.4b: 感知制度机制有效性×交互性→弱关系	−0.010	$p>0.05$	不支持

从图 5-2、表 5-6 中的数据看，交互性被技术可供性很好地解释，具体来看，技术可供性的 5 个维度，即可视性（$\beta=0.142$，$p<0.01$）、表达性（$\beta=0.113$，$p<0.05$）、提醒关注性（$\beta=0.130$，$p<0.05$）、社会化连接性（$\beta=0.238$，$p<0.001$）、交易性（$\beta=0.205$，$p<0.001$）都显著地影响交互性。只有购物导向性对交互性的影响不显著。H5.2a、H5.2b、H5.2c、H5.2e、H5.2f 得到支持。交互性对强弱关系的影响显著（$\beta=0.587$，$p<0.001$；$\beta=0.636$，$p<0.001$），因此，H5.3a、H5.3b 得到支持。感知制度机制有效性对交互性对强关系影响的调节作用显著（$\beta=0.100$，$p<0.01$），因此 H5.4a 得到支持；而其对交互性对弱关系影响的调节作用不显著，因此 H5.4b 没有得到验证支持。本章对感知制度机制有效性对交互性对强关系影响的调节作用进行了深入剖析，进行了如图 5-3 所示的分析，结果发现，感知制度机制有效性越高，买家与卖家的交互性越强，买家与卖家形成强关系的可能性就越大。

5.4.4　研究结果与讨论

本章旨在探索社会化商务情境中两种关系的形成机制。通过构建理论模型，实证检验了研究假设。本章从技术可供性视角出发，整合了交互性和感知制度机制有效性，将其作为社会化商务用户强弱关系形成的前因变量。通过实证检验，现对研究结果做出如下讨论分析。

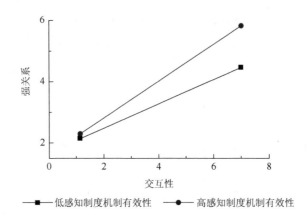

图 5-3　感知制度机制有效性对交互性对强关系影响的调节效应

（1）本章研究揭示了技术可供性如何影响社会化商务情境中买卖关系的形成，并进一步将此类关系细分成强弱两种类型。研究发现技术可供性能够直接影响这两种关系的建立。从直接影响系数看，比起形成强关系，技术可供性更容易形成弱关系（0.498＞0.411）。其中，五种具体特殊的技术可供性通过交互性对这两种关系产生影响。这一研究结果确认了以往研究指出的社会关系的建立可以通过 IT 的使用来实现。通过结果分析，发现社会化连接性对交互性产生的影响最大，对这方面的解释可能在于社会化连接性是社会化商务体现得最明显的特征，用户一旦做出社会化连接性的行为，就意味着用户已经为社会化的互动付出努力，有建立或维持这种个人关系的意向。当这种社会化连接性确立时，用户间会形成充分的双向交流和沟通。研究结果显示在这五个维度中，交易性对交互性的影响次之，然后是可视性、提醒关注性以及表达性。研究结果拓展了 Ou 等的研究，他们曾指出 CMC 技术（即时通信、消息盒子和反馈系统）会促进高质量的交流，进而促进关系的形成[83]。本章的研究结果进一步补充了在线商务情境中关系形成的研究文献。研究结果发现，在社会化商务情境中，其他的一些与交易相关的可供性在增强买卖双方的交互性方面也起了重要作用，进而进一步促进了买卖双方关系的建立。同时，本章研究也验证了在在线商务情境中，IT 使用和用户的相互作用不局限于 CMC 工具。因此，这在研究上为学者探索技术可供性，以便更深入地剖析社会化商务的"社会"和"商业"流提供了参考依据，为拓展研究电子商务和社交网站更深层方面的意义提供了基础。本章的研究也确认了可供性理论的应用价值。

（2）与之前的研究结果相一致的是，本章的研究结果确认了在社会化商务情境中买卖双方关系确实能够在技术的支撑下有效形成。然而，正如本书在开始部分的论述，关系并不是以静态单维的形式存在的，本章研究检验了由于关系强度的不同，社会化商务平台买卖双方之间同样存在不同类型的强弱关系。本章研究结果显示交互性在强弱关系的形成过程中起到了积极作用，这也暗示了买卖双方不同强度的关系类型可以依据交互的程度实现。通过对路径系数进行对比分析发现，交互性对弱关系形成产生的作用要大于其对强关系产生的作用，这有可能是因为在社会化商务中交互性更容易将陌生人转化成有"肤浅"关系的"熟人"，而强关系的形成，除了交互，还依赖于用户内在的一些特质因素（如买家在交互过程中对卖家信任度的感知）。这也恰好验证了本章提出的感知制度机制有效性对交互性对强关系的形成具有调节效应，而对弱关系的形成没有显著影响。依据此逻辑分析，买家对感知制度机制有效性的感知程度越高，对由卖家机会主义风险带来的敏感性的担心程度就会越低，因而，对与卖家的交流甚至交易的信任度会大大提高。也就是说，基于制度对他们交易安全的保障，他们会更自由地参与社会化商务的各项活动。然而，在弱关系的建立方面，用户之间彼此交换表面上的互惠而非深层次的共同理解是相对较容易的，即这种弱关系建立的门槛相对较低，即便没有感知制度机制有效性的保护，由于弱关系的建立并不需要像强关系那样需要有深层次的互惠（如情感交流），买卖双方也比较容易达成。此外，在社会化商务情境中，存在许多买家"只看不买""只问不买"的情形，也就是说很多买家只是为了了解相关的产品信息（可能出于好奇）而建立关系，并非为了实际的购买。这种情况下，买家往往很少关心制度的保障是否是有效的。同时，从投资成本的角度看，弱关系的双方在建立这类关系的过程中并没有付出太多的成本（如时间、精力）。因而，在潜在成本并不高的情况下，他们自然会很少关注外部环境。从这一点的分析来看，感知制度机制有效性对交互性与弱关系形成的影响的调节效应不显著是合理的。

5.5 理论贡献与实践启示

本章基于技术可供性理论，在现有关于技术使用与用户关系建立的研究的基础上，构建了社会化商务情境中买卖双方关系形成的理论模型。本章探讨了不同强度的买卖双方关系的具体形成机制，考虑了交互性的中介影响，以及感知制度机制有效性的调节效应。实证研究结果验证了本章提出的大部分假设，研究结果为丰富现有关系研究的理论文献提供了参考，拓展了研究者对社会化商务买卖关系的边界研究。

第6章　技术与关系的联动效应对社会化商务购买意向的影响机制研究

社会化媒体技术与社会关系网络促进了社会化商务的价值创造，有效利用技术与用户的关系结构是社会化商务企业提高其平台购买转化率的关键，但现有研究鲜有从双重视角探索技术与关系如何影响用户的购买决策。为弥补这一研究的不足，本章基于 S-O-R 框架，从社会化商务的特性出发，立足技术特征和关系结构的集成视角，构建了社会化购买行为模型。本章将技术可供性和强弱关系作为用户社会化购买行为的外在刺激因素，通过唤起用户对产品感知信息诊断性和感知意外发现性的内在机体状态，探索了用户社会化商务购买意向的反应发生机制，以具有社会化商务购买体验的微信用户为研究对象，运用 SmartPLS 3.0 对模型进行了路径检验和假设分析。研究结果发现：技术可供性与弱关系对感知信息诊断性和感知信息意外发现性具有正向影响；弱关系对感知信息意外发现性的影响大于强关系；感知信息诊断性正向影响感知信息意外发现性，感知信息诊断性与感知信息意外发现性对社会化商务购买意向均有显著正向影响；然而，强关系对感知信息意外发现性的影响不显著。感知信息诊断性与感知信息意外发现性部分中介了技术可供性对社会化商务购买意向的影响，完全中介了弱关系对社会化商务购买意向的影响，感知信息诊断性部分中介了强关系对社会化商务购买意向的影响。本章为进一步探究社会化购买行为提供了理论基础和实践指导。

6.1　问 题 描 述

社会化商务基于社交媒体通过社会化的互动促进在线产品和服务的交易[15]，为用户同时实现浏览、搜索、评论、分享、推荐、建立连接、协同决策、购买等系列行为创造了条件[182, 183]。近年来，社会化商务在实践中发展迅猛，企业希望充分利用社会化商务平台（如淘江湖）以及用户庞大的社交网络（如凡客达人）开展商业活动，以期创造更大的商业价值。虽然实践中社会化商务的参与用户不断增加，但如何维持用户的参与热情，提高社会化商务平台的购买转化率，以及提升用户社交关系将社会价值转为商业价值的能力，成为企业面临的挑战。针对以上问题，学者虽然对社会化商务进行了大量研究，但由于社会化商务起步较晚，现有对社会化商务的研究是摸索式、碎片式的，这使得企业很难从中获得有意义且有决断性的应用借鉴[182]。尽管现有研究认为社会化商务是电子商务的延伸[13]，是社交媒体和电子商务的融合[184]，但是社会化商务并非电子商务和社交媒体的简单相加，并不是传统电子商务简单"社会化"即可完成的渗透与融合。鉴于此，本章在充分考虑社会化商务特性的基础上，深入探索影响社会化购买行为的过程因素以及相应的作用机制。

目前，学者对影响社会化购买行为的相关研究主要从信任[184]、社会支持和关系质量[44]、在线沟通[55]等方面考虑，而从社会化商务特性出发开展的多角度研究还比较少。社会化商务平台融合了技术和社会层面的因素，使用户的社会化购买行为表现出技术-社会支持下的双重属性。已有研究指出技术、人、信息、商业是社会化商务的四个主要因素[15, 16]。其中，技术主要体现为支持用户贯穿其社会化购买行为过程的技术特征；人主要表现为嵌入社会化商务平台的用户关系结构；信息主要体现为用户通过各种方式获得的信息内容或感知到的信息质量；商业即商业意图，表现为用户的社会化购买行为。然而，鲜有研究探讨这四个要素具体如何体现，如何相互作用；也没有研究将四个要素共同纳入分析框架从多角度探讨影响社会化购买行为的过程因素，以及各因素之间的潜在影响关系，而这正是本章探索的重点。本章认为用户的社会化购买行为是一个复杂的过程，是上述因素共同作用的结果。技术、关系为用户的社会化购买行为提供了线索刺激，而对信息内容的感知影响了用户购买行为的内部知觉。因而，考虑如何基于社会化商务的技术特征、用户的关系结构，以及用户对信息内容的感知状态，探索影响用户社会化购买行为的机制是本章的研究问题。

因此，本章考虑到 S-O-R 模型对社会化购买行为研究的适用性，将其作为探索社会化购买行为驱动机制的研究框架，构建了以技术可供性和强弱关系为"刺激"，感知信息诊断性和感知信息意外发现性为"机体"，社会化商务购买意向为"反应"的研究模型，旨在全面分析技术特征、关系结构如何通过刺激用户对产品信息的感知进而影响其社会化购买行为的问题。研究结果在理论上可以揭示用户社会化购买行为过程机理，丰富社会化购买行为研究，对全面理解社会化媒体与社会化商务议题具有重要作用；在实践上也可以为企业、社会化商务的个体参与者及平台服务商采取相关的策略和措施，有效开展社会化商务活动，促进社会化商务的价值创造，提供理论依据和建议。

6.2 理论分析与研究假设

6.2.1 技术可供性影响感知信息诊断性与感知信息意外发现性的机理分析

用户对产品信息的恰当评估是影响其购买决策及购买质量的重要前提。因此，对产品信息的诊断性探讨是当前对消费者行为研究的一个重要方面[185]。已有研究从不同角度对在线消费者的感知信息诊断性进行过探讨。Jiang 和 Benbasat 通过感知信息诊断性来描述网站界面能够传达有助于消费者评估产品质量以及产品效能的信息的能力[152]。Mudambi 和 Schuff 将这一概念应用到产品评论研究中，并发现依据产品的不同类型，产品评论特征、评级以及评论的字段长度会对消费者的感知信息诊断性产生不同的影响[186]。Fang 讨论了在线交易中的交互性因素对消费者感知信息诊断性的影响[99]。这些研究表明不同的技术或非技术因素（如网站界面设计、交互性、产品评论等）会刺激消费者对产品信息做出不同的评估。在社会化商务情境下，信息技术呈现出多方面的可供性，这些可供性可以不同程度地刺激主体的机体感受，促进其社会化商务行为目标的实现。

根据 Dong 等的研究，社会化商务的技术可供性表现为六个维度的技术特征，分别是可视性、表达性、提醒关注性、购物导向性、社会化连接性和交易性[153]。本书认为社会化商务技术可供性为用户全面地了解社会化商务活动信息提供了可能，能够从不同方面方便用户获取产品信息，唤起用户对感知信息诊断性感知的内在机体反应。可视性将产品的图像、说明信息等最大化地传递给用户，通过视觉线索降低信息不对称和产品不确定性对用户造成的负面影响。信息交换是用户了解产品信息的主要方式之一，表达性能够使用户对产品发表自己的观点，做出评价并收到相应的反馈，进而在互动的过程中充分了解产品，及时做出判断。提醒关注性通过提醒用户产品信息的变化，使用户能够及时、充分地了解产品动态。购物导向性通过个性化的推荐服务使用户能够更准确地获得产品信息。社会化连接性使用户与目标用户进行连接（如买家与卖家的对接，买家与经验买家的连接），进而使其更深入地评估目标产品信息。交易性预示着用户能够（通过多种方式）顺利地完成交易，有助于用户对产品交易信息做出理性评估。这些对社会化商务技术对象的可供性感知有助于对产品信息进行认知、识别。基于此，提出以下假设。

H6.1a：技术可供性对感知信息诊断性具有正向影响。

感知信息意外发现性被认为是增强用户积极体验与参与感的重要因素，同时还对用户社会化互动行为产生重要影响[187]。信息觅食理论认为集体性（公众性）的信息共享能够更大程度地实现信息多样性，拓宽用户的认知视野[188]。社会化商务平台上的信息产生于平台与用户及用户与用户之间的交互，这些交互行为的实现依托于社会化商务的技术特征。社会化商务技术可供性能够使用户兴奋、愉悦，甚至出现"Ahah"的瞬间，从而刺激用户进一步挖掘相关潜在信息。Yi 等发现，与没有产品标签的网站相比，拥有产品标签的社会化网站会使用户产生更强烈的意外发现性的感知[107]。社会化商务技术可供性能够为社会化商务平台上的产品最大化地提供展示标签，这使用户能够同时了解到不同方面的产品描述和用户体验，极大刺激用户感知，激发其潜在兴趣需求。例如，当用户看到朋友圈展示出的产品（可视

性)，以及参与用户生成内容(表达性)时，不同的信息线索会调节目标用户的觅
食导向，降低其搜索成本(如减少切换浏览标签的次数)，使用户及时识别潜在的感
兴趣的线索，进而捕获和跟踪，从而产生更多的意外发现。基于此，提出以下假设。

H6.1b：技术可供性对感知信息意外发现性具有正向影响。

6.2.2　强弱关系影响感知信息诊断性与感知信息意外发现性的机理分析

关系会影响用户接收信息的深度和广度。已有大量研究证明社会关系是社会化
商务的基础，分析了在社会化商务中关系强度对用户所接收信息的数量与质量的影
响，强调了关系强度理论在社会化商务中的作用[2]。虽然这些研究证实了关系对信
息创造和传播的重要性，但多数都是将关系强度看作一个变量，整体上分析关系强
度的影响，鲜有研究对关系结构中的强弱关系对用户接收信息的不同影响进行具体
分析。由于社会化商务中强弱关系是两个独立存在的状态，用户很容易区分嵌套在
其网络结构中的个体的关系是强还是弱。因此，本章在前人对关系强度研究的基础
上，分别探讨强关系与弱关系的作用及其影响差异。本章认为在社会化商务中，强
弱关系都会影响用户对产品信息诊断的机体感知，但是刺激程度不同。

强关系网络成员之间具有良好的信任，彼此之间能够进行深度沟通，用户对
他们的信息会自然地产生更深的信赖，认为通过他们获得的产品信息更加准确、
深入。因而这种基于信任和情感的强关系会使用户在信息诊断过程中减少对产品
风险的顾虑和担心[189]。用户的弱关系来源包括朋友的朋友，以及由他人推荐的由
于产品的需要而形成的快捷关系网。由于弱关系用户在互动与交流紧密度上受限，
因而获取产品真实信息的愿望更强烈，用户会自觉付出更多的时间和精力对通过
弱关系途径获得的信息做出恰当的评估，尽量避免对信息盲目乐观和非理性判断。
然而，由于通过强关系途径获得的信息所含的风险更小，用户认为从强关系中获
得的信息更有用。出于对信任和情感的依附，强关系使用户能够更容易地对产品
质量和效能做出评估。因此，本章认为强关系对用户感知信息诊断性的感知更强。
基于此，提出以下假设。

H6.2a：强关系对感知信息诊断性具有正向影响。

H6.2b：弱关系对感知信息诊断性具有正向影响。

H6.2c：强关系对感知信息诊断性的影响强于弱关系对感知信息诊断性的影响。

另外，嵌套在社会化商务活动中的强弱关系结构也会给用户带来新奇的意外
发现。例如，微信上的微商用户在朋友圈分享的产品信息可能并不是用户的产品
目标锁定对象，但这些信息往往能带给用户意外的收获、额外的价值体验。本章
认为强弱关系都有能够使用户产生意外发现的可能，但二者的来源结构不同，进而
对感知信息意外发现性唤起的程度也不同。弱关系的社会网络异质性较强，信息获

取具有多面性，优质信息出现的概率也较大。已有的研究指出由于弱关系提供的信息通常是非重复、非冗余的，因而更能给用户带来额外价值[190]。Granovetter[34]在二元层面对关系强度进行了研究，也指出弱关系更有可能是新信息的来源。同时，也有研究在不同方面（如隐性知识的传播[43]）指出弱关系在信息扩散方面的重要作用。基于此，提出以下假设。

　　H6.3a：强关系对感知信息意外发现性具有正向影响。

　　H6.3b：弱关系对感知信息意外发现性具有正向影响。

　　H6.3c：弱关系对感知信息意外发现性的影响强于强关系对感知信息意外发现性的影响。

6.2.3　感知信息诊断性影响感知信息意外发现性的机理分析

　　信息流动被认为是社会化商务的内在特征与外在表现[54]。与传统电子商务相比，社会化商务由于社交网络的嵌入，产生了更多的社会化互动与用户生成内容，使得产品信息也呈现出显著的社会化特征（如渗透式人际传播）。感知信息诊断性描述了用户在购买过程中对产品信息的诊断和评估状况，是对接收到的产品信息进行的一种有意识的主动处理。意外发现虽然不是用户对信息的本意获取，但却能够满足用户潜在的需求。用户对产品信息的获取、了解、诊断评估是其做出购买决策的前提。可以说，用户对信息的诊断评估贯穿其社会化购物活动的整个过程。在对信息的诊断过程中，用户对产品信息的获取目标并不是确定不变的。根据信息觅食理论，用户会根据他们对现有信息的评估适时调整和转换搜寻任务，而这一过程会赋予用户对信息的更多的意外发现。基于此，提出以下假设。

　　H6.4：感知信息诊断性对感知信息意外发现性具有正向影响。

6.2.4　感知信息诊断性与感知信息意外发现性影响社会化商务购买意向的机理分析

　　社会化商务购买意向指的是用户愿意进行社会化购物交易的可能性。已有研究认为由于在线交易的实际商业数据不易获取，购买意向在一定程度上能够反映和预测购买行为，因而社会化商务购买意向成为研究中的重要变量[99, 140]。鉴于此，本章将社会化商务购买意向作为 S-O-R 模型中的反应变量。

　　社会化商务与传统线上电子商务类似，用户与产品存在时间、空间上隔绝的弊端，因而无法如同线下交易一样亲身体验产品。在这一过程中，用户对产品的质量、产品信息的描述、产品信息的评价以及其他用户生成内容等都存在一定的风险认知。感知信息诊断性可以帮助用户降低或抵消对这些不确定性风险的认知。

Liang 等的研究表明用户接收信息的状况会影响其购买意愿[44]。Pavlou 等的研究表明感知信息诊断性能够缓解用户对信息不对称以及对商家机会主义行为的担心，进而增强用户购买决策信心[191]。Kempf 和 Smith 的研究也表明如果顾客感觉到与卖家的交互过程是可诊断的，顾客对产品质量等信息的评估便有很强的确定性，从而提升购买意愿[108]。基于此，提出以下假设。

　　H6.5a：感知信息诊断性对用户的社会化商务购买意向具有正向影响。

　　用户的购买意向在一定程度上也与其购物过程中的体验变化有关，也就是说用户原本的购物目标并不是一成不变的，一些有价值的或新奇的意外发现往往更能激发用户潜在的购买倾向。这些意外发现在很大程度上与用户既定的目标物有相关性，用户会根据他们在购物过程中的新发现调整其目标任务，进而改变其原本的购买计划。Foster 和 Ford 的研究表明用户对搜索行为愿意保持较高的参与热情是因为他们能够有意想不到的新发现，以及在这一过程中用户能够获得满足感和成就感[192]。Sun 等首次对微博用户由意外发现引起的转发行为展开定量分析，研究发现这种行为在 Twitter 的转发中占 27%，在本土微博的转发中占 30%[187]。这些研究结果表明感知信息意外发现性对用户积极参与社会化活动具有显著影响，而用户参与黏性的提高（尤其是在在线交易情境中），又会直接影响其购买意愿[193]。基于此，提出以下假设。

　　H6.5b：感知信息意外发现性对用户的社会化商务购买意向具有正向影响。

6.2.5　控制变量

　　为了检测假设检验和减小控制变量对因变量的影响，本章选取了性别、年龄、受教育程度和社会化商务购买体验作为控制变量[20, 166]。前三个变量代表了个体用户不同的社会属性特征，会影响他们社会化购物的行为模式。社会化商务购买体验描述了用户使用该平台的相对频率，可以预测用户的购买趋向。

　　本章的研究模型如图 6-1 所示。

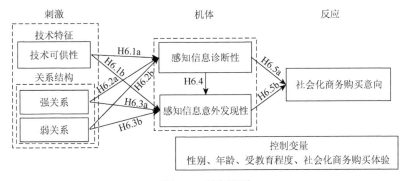

图 6-1　研究模型

6.3 实证研究设计

6.3.1 问卷设计与量表编制

本章采用问卷调查方法进行模型假设的验证。为确保内容效度，根据社会化购物情境，研究模型中大部分变量的测量题项来自对现有文献中测量题项的改编。问卷采用七点利克特量表，其中 1 代表非常不同意，7 代表非常同意。本章共涉及 12 个变量，其中二阶因子变量技术可供性参考 Dong 等研究，包括可视性、表达性、提醒关注性、购物导向性、社会化连接性和交易性 6 个维度[153]；感知信息诊断性参考 Jiang 和 Benbasat[152]以及 Yi 等[107]的研究。感知信息意外发现性参考 Yi 等[107]的研究；社会化商务购买意向参考 Jiang 和 Benbasat[152]及 Pavlou 和 Gefen[140]的研究。现有研究中有对黏连接、桥连接社会资本测量的量表[42, 81]，但是通过分析发现，现有量表中的部分题项不能准确地适应社会化商务情境。由于现有研究缺乏对强弱关系的测量工具，在参考 Williams 对强弱社会资本度量的研究[81]以及强弱关系内涵的基础上，一并考虑"中国式关系"在社会化商务中的体现，对第 5 章中发展的买卖双方关系进行拓展，根据第 3 章的量表开发程序以及现有文献[132, 153]，本章对社会化商务中存在的强弱关系进行了重新度量与验证，最终得到 17 个测量题项。在确认完本节变量所用的具体题项后，为了保证对原题项内容理解与应用的准确性以及对原题项语言翻译的准确性，本节依据 4.3.1 节量表转译程序对本章涉及的量表进行进一步修正。本章所涉及的量表测度项见附录问卷。

6.3.2 数据收集

本章主要探讨的是在社会化商务情境中，技术可供性与强弱关系对用户接收产品信息的感知和社会化商务购买意向的影响。由于社会化购物平台有很多（如 Pinterest、美丽说、蘑菇街、豆瓣网、微博、QQ 空间、微信），本章选取通过微信进行过购物活动的用户作为数据收集对象，采用问卷调查的方法进行数据收集。鉴于微信平台强大的社会化购物潜能，本章认为微信平台的选取合理且具有代表性。采用问卷调查的方法是因为：①该方法是管理科学领域公认的具有可靠性的数据收集工具，尤其是对于需要可靠地收集大规模个体层面的数据的探索性研究，该方法的适用性较强；②本章的研究具有明确定义的分析对象（即社会化商务参与用户）和范围（微信平台）；③所使用的量表也经过了前期检验和验证。数据收集时间为 2016 年 4 月 6 日至 2016 年 6 月 13 日，主要通过网络调查平台问卷星发布[①]。使用方便抽样和滚雪球抽样的方法，在问卷星平台、QQ 空间、微信朋友圈发布，并邀请用户在其社交网络平台转发扩散，邀请其他用户作答。为了鼓励用户参与，为成功递交问卷的作答者提供赢取手机话费的抽奖机会，同时为确保数据收集的有效性，事先设置了筛选问题，即"您是否有过微信购物体验"，当作答者的回答为"否"时，问卷作答自动跳转结束。此次问卷调查的范围覆盖了中国七大区域，包括东北、西北、华北、华南、华东、西南、华中，全部采取匿名方式填写，共收集数据 933 份，根据数据筛选标准（如数据缺失，无微信购物体验，问卷作答时间太短，正反向题项回答不一致，问卷中指定题项、指定选项识别不正确），剔除无效数据后得到有效数据 642 份，有效作答率为 68.8%。表 6-1 为样本的描述性统计分析。

表 6-1　样本的描述性统计分析（*N* = 642）

统计变量	类别	样本量	比例
性别	男性	211	32.9%
	女性	431	67.1%
年龄	20 岁以下	45	7.0%
	20～29 岁	380	59.2%
	30～39 岁	161	25.1%
	40～49 岁	44	6.9%
	50 岁及以上	12	1.9%
受教育程度	高中及以下	15	2.3%
	专科	75	11.7%
	本科	280	43.6%
	硕士研究生	187	29.1%
	博士研究生	85	13.2%
社会化商务购买体验	半年以下	310	48.3%
	半年至 1 年（不含）	86	13.4%
	1 年至 1 年半（不含）	110	17.1%
	1 年半至 2 年（不含）	55	8.6%
	2 年及以上	81	12.6%

---

① 此次问卷收集的数据与第 4 章、第 5 章的是同一批，不同之处在于此次数据收集延后了几天，问卷星平台数据收集关闭的时间不同。

6.3.3　数据分析方法的选择

遵照第 4 章、第 5 章数据分析方法选择的逻辑，开展本章研究模型的实证检验。同样地，本章研究模型中所涉及的概念及测量量表大都来源于已有研究。为了保证改编的量表对本章研究情境内容测量的有效性，本章同样进行了同 4.3.3 节、5.3.3 节一样的数据分析程序，包括利用 SPSS 18.0 对所有变量进行探索性因子分析和利用 SmartPLS 3.0 进行验证性因子分析。

6.4　数据分析与结果讨论

6.4.1　测量模型的信度与效度分析

测量模型的检验主要是指信度和效度分析。本章使用 Cronbach's Alpha 信度系数值和组合信度[161]评估潜变量的稳定性及可靠性。如表 6-2 所示，所有变量的 Cronbach's Alpha 信度系数值都在阈值 0.7 以上，组合信度值也都大于 0.7，这表明对构念的测量具有内部一致性。变量的组合信度是通过交叉因子载荷情况和变量的 AVE 来评估的[161]，如表 6-2 所示，所有 AVE 的值均大于 0.5；如表 6-4 所示，大部分变量的因子载荷值都大于阈值 0.7，说明变量的测量具有良好的组合信度。本章通过检验测量题项的交叉载荷系数，并根据 Fornell-Larcker 准则比较分析每个变量的 AVE 的平方根值是否大于它与其他变量的相关系数值来评估区分效度[161]。从表 6-3 的数据来看，每个变量的 AVE 的平方根值都大于它与其他变量的相关系数值，这说明各个测量变量具有良好的区分效度；从表 6-4 的数据来看，所有变量的测量题项负载在其对应变量上的因子载荷系数都远远大于这些测量题项负载在其他变量上的交叉载荷系数值，也说明测量题项具有良好的组合信度和区分效度。

表 6-2　变量的信度与效度

变量	题项个数	均值（标准差）	CA	CR	AVE
ITA	5	5.25（1.32）	0.911	0.933	0.737
VI	4	4.51（1.53）	0.852	0.900	0.693
ME	5	4.82（1.66）	0.909	0.932	0.733
TA	4	5.08（1.48）	0.904	0.933	0.776
GS	4	4.48（1.62）	0.893	0.926	0.757

续表

变量	题项个数	均值（标准差）	CA	CR	AVE
SC	4	4.95（1.59）	0.857	0.903	0.701
TR	3	5.20（1.42）	0.869	0.920	0.793
ST	7	4.34（1.68）	0.913	0.932	0.663
WT	7	5.10（1.49）	0.863	0.890	0.540
PID	5	4.49（1.45）	0.940	0.954	0.806
PIS	4	4.73（1.43）	0.940	0.957	0.848
PI	4	4.58（1.53）	0.910	0.937	0.789

表 6-3　变量间相关系数

变量	1	1a	1b	1c	1d	1e	1f	2	3	4	5	6
1. ITA	**0.858**											
1a. VI	0.522	**0.832**										
1b. ME	0.547	0.487	**0.856**									
1c. TA	0.599	0.483	0.586	**0.881**								
1d. GS	0.487	0.458	0.541	0.634	**0.870**							
1e. SC	0.645	0.443	0.586	0.618	0.639	**0.837**						
1f. TR	0.720	0.477	0.497	0.576	0.474	0.650	**0.890**					
2. ST	0.515	0.422	0.419	0.442	0.477	0.521	0.475	**0.814**				
3. WT	0.592	0.451	0.488	0.543	0.517	0.631	0.591	0.603	**0.735**			
4. PID	0.618	0.545	0.563	0.523	0.615	0.591	0.535	0.561	0.595	**0.898**		
5. PIS	0.629	0.483	0.437	0.525	0.510	0.563	0.542	0.555	0.624	0.777	**0.921**	
6. PI	0.595	0.485	0.404	0.451	0.457	0.521	0.523	0.553	0.560	0.670	0.690	**0.888**

注：对角线加粗数值为每个变量的 AVE 的平方根值

表 6-4　交叉载荷系数

题项	1	1a	1b	1c	1d	1e	1f	2	3	4	5	6
ITA1	*0.870*	0.396	0.455	0.522	0.391	0.537	0.684	0.429	0.507	0.477	0.492	0.463
ITA2	*0.861*	0.370	0.412	0.461	0.323	0.506	0.612	0.350	0.482	0.420	0.465	0.426
ITA3	*0.873*	0.496	0.517	0.547	0.465	0.584	0.596	0.424	0.498	0.567	0.540	0.502
ITA4	*0.867*	0.431	0.414	0.500	0.371	0.521	0.589	0.418	0.515	0.510	0.540	0.511
ITA5	*0.820*	0.520	0.528	0.527	0.510	0.602	0.605	0.560	0.532	0.645	0.635	0.623
VI1	0.486	*0.844*	0.432	0.427	0.347	0.414	0.429	0.354	0.407	0.440	0.413	0.410
VI2	0.429	*0.886*	0.394	0.388	0.397	0.347	0.399	0.368	0.386	0.462	0.401	0.395

题项	1	1a	1b	1c	1d	1e	1f	2	3	4	5	6
VI3	0.441	*0.810*	0.428	0.409	0.418	0.392	0.403	0.326	0.367	0.475	0.396	0.407
VI4	0.365	*0.785*	0.358	0.377	0.367	0.309	0.349	0.360	0.333	0.437	0.398	0.402
ME1	0.471	0.417	*0.818*	0.485	0.390	0.438	0.432	0.336	0.392	0.469	0.389	0.315
ME2	0.453	0.408	*0.850*	0.438	0.465	0.463	0.392	0.332	0.409	0.517	0.407	0.379
ME3	0.482	0.426	*0.905*	0.500	0.474	0.497	0.427	0.351	0.411	0.497	0.365	0.369
ME4	0.485	0.397	*0.850*	0.551	0.482	0.592	0.442	0.383	0.445	0.439	0.348	0.339
ME5	0.449	0.435	*0.857*	0.531	0.506	0.516	0.431	0.393	0.432	0.491	0.363	0.328
TA1	0.548	0.410	0.524	*0.888*	0.546	0.522	0.526	0.361	0.473	0.452	0.439	0.397
TA2	0.497	0.440	0.521	*0.877*	0.571	0.563	0.467	0.431	0.449	0.517	0.471	0.389
TA3	0.490	0.444	0.506	*0.893*	0.617	0.537	0.492	0.408	0.480	0.460	0.486	0.404
TA4	0.565	0.410	0.511	*0.864*	0.509	0.554	0.538	0.362	0.507	0.420	0.458	0.397
GS1	0.460	0.380	0.489	0.558	*0.847*	0.597	0.448	0.381	0.477	0.492	0.403	0.373
GS2	0.440	0.432	0.467	0.577	*0.907*	0.570	0.439	0.437	0.486	0.571	0.493	0.432
GS3	0.402	0.387	0.459	0.532	*0.875*	0.535	0.389	0.431	0.433	0.533	0.451	0.395
GS4	0.383	0.395	0.464	0.537	*0.848*	0.511	0.362	0.415	0.393	0.547	0.428	0.389
SC1	0.445	0.290	0.324	0.421	0.435	*0.749*	0.438	0.376	0.466	0.413	0.402	0.380
SC2	0.584	0.406	0.574	0.551	0.594	*0.872*	0.552	0.437	0.553	0.506	0.462	0.424
SC3	0.562	0.384	0.523	0.536	0.542	*0.870*	0.578	0.460	0.553	0.530	0.510	0.485
SC4	0.558	0.392	0.513	0.548	0.553	*0.853*	0.595	0.467	0.537	0.521	0.505	0.455
TR1	0.575	0.383	0.392	0.477	0.391	0.560	*0.869*	0.388	0.489	0.437	0.455	0.425
TR2	0.646	0.428	0.453	0.542	0.446	0.608	*0.916*	0.438	0.542	0.491	0.494	0.472
TR3	0.692	0.458	0.475	0.517	0.425	0.567	*0.885*	0.438	0.544	0.496	0.496	0.495
ST2	0.453	0.245	0.272	0.326	0.281	0.414	0.428	*0.620*	0.479	0.307	0.372	0.316
ST3	0.378	0.351	0.259	0.353	0.346	0.401	0.360	*0.802*	0.461	0.417	0.436	0.421
ST4	0.397	0.398	0.323	0.335	0.383	0.413	0.386	*0.804*	0.466	0.502	0.456	0.481
ST5	0.349	0.323	0.317	0.286	0.384	0.388	0.310	*0.830*	0.475	0.432	0.435	0.452
ST6	0.478	0.365	0.402	0.419	0.441	0.494	0.442	*0.870*	0.556	0.505	0.515	0.522
ST7	0.439	0.340	0.392	0.395	0.414	0.427	0.388	*0.867*	0.500	0.477	0.460	0.446
ST8	0.452	0.365	0.400	0.397	0.446	0.435	0.405	*0.878*	0.505	0.518	0.474	0.486
WT2	0.353	0.226	0.216	0.265	0.190	0.330	0.337	0.234	*0.580*	0.169	0.239	0.215
WT3	0.413	0.281	0.284	0.338	0.316	0.434	0.364	0.341	*0.665*	0.305	0.358	0.358
WT4	0.384	0.205	0.286	0.335	0.204	0.363	0.350	0.228	*0.587*	0.194	0.276	0.226
WT6	0.427	0.339	0.344	0.396	0.377	0.456	0.426	0.542	*0.752*	0.496	0.470	0.450
WT7	0.452	0.381	0.418	0.439	0.465	0.508	0.471	0.554	*0.831*	0.545	0.545	0.518

续表

题项	1	1a	1b	1c	1d	1e	1f	2	3	4	5	6
WT8	0.501	0.380	0.399	0.479	0.447	0.524	0.513	0.475	*0.851*	0.523	0.593	0.468
WT9	0.517	0.421	0.476	0.479	0.494	0.575	0.533	0.538	*0.824*	0.566	0.545	0.486
PID1	0.561	0.476	0.526	0.457	0.536	0.544	0.508	0.528	0.561	*0.878*	0.654	0.611
PID2	0.485	0.438	0.491	0.431	0.571	0.506	0.438	0.485	0.525	*0.884*	0.663	0.591
PID3	0.565	0.512	0.510	0.477	0.590	0.552	0.478	0.514	0.532	*0.923*	0.695	0.627
PID4	0.580	0.517	0.507	0.503	0.566	0.533	0.501	0.498	0.507	*0.918*	0.704	0.591
PID5	0.581	0.499	0.493	0.479	0.498	0.517	0.475	0.492	0.544	*0.886*	0.768	0.590
PIS1	0.548	0.428	0.378	0.454	0.477	0.520	0.475	0.508	0.546	0.736	*0.914*	0.635
PIS2	0.589	0.441	0.439	0.498	0.472	0.517	0.498	0.528	0.590	0.728	*0.937*	0.647
PIS3	0.580	0.473	0.395	0.498	0.460	0.528	0.531	0.493	0.576	0.705	*0.917*	0.630
PIS4	0.600	0.439	0.397	0.485	0.470	0.507	0.493	0.514	0.588	0.693	*0.916*	0.631
PI1	0.576	0.438	0.400	0.422	0.389	0.493	0.532	0.458	0.506	0.584	0.617	*0.828*
PI4	0.489	0.436	0.347	0.395	0.415	0.441	0.447	0.525	0.501	0.612	0.615	*0.903*
PI5	0.535	0.433	0.343	0.388	0.412	0.454	0.451	0.485	0.492	0.590	0.614	*0.916*
PI6	0.514	0.413	0.345	0.396	0.406	0.463	0.428	0.496	0.488	0.593	0.605	*0.903*

注：加粗斜体值表示变量的测量题项在该变量上的因子载荷值

6.4.2　共同方法偏差分析

当调查问卷数据来自同一评价者时，评价者的一致动机、情绪状态、测量题项的社会期许以及测量题项本身的特征等有可能导致预测变量与结果变量之间产生人为的共变，产生共同方法偏差[162]。本章研究遵从前几章的研究设计和方法，最大程度地减小共同方法偏差，包括利用程序控制方法和两种统计方法。第一种统计方法选用 Harman 的单因子检验方法，通过计算模型中的单一因子最大方差解释率来评估共同方法偏差的影响[162]。具体操作为将模型中的所有变量纳入因子分析，根据特征值大于 1 的原则，提取出 12 个因子，其中单一因子最大化解释方差的程度为 13.74%，说明共同方法偏差对本章研究的影响并不显著。第二种统计方法参照 Liang 等[163]的研究，在 PLS 模型中纳入一个新变量——共同方法因子。参照 4.4.2 节共同方法偏差分析环节的逻辑，计算相应值。分析结果显示，本章中主构念对测量题项的平均解释方差为 0.734，共同方法因子对测量题项的平均解释方差为 0.013，二者比例达到 56∶1。同时，所有测量题项在其相关变量上的因子载荷是显著的，而大部分测量题项在共同方法因子上的载荷不显著，这表明共同方法偏差对本章研究的影响并不显著。

6.4.3　模型分析和假设检验

本章采用 SmartPLS 3.0 进行了 SEM 的实证假设验证，模型的检验结果如图 6-2 所示，假设检验的路径分析结果如表 6-5 所示。由图 6-2 可知，整个模型的 R^2 值为 0.548，表明整个模型解释了社会化商务购买意向 54.8% 的变动方差，说明技术可供性、强关系、弱关系、感知信息诊断性和感知信息意外发现性很好地解释了社会化商务购买意向。感知信息诊断性的 R^2 值为 0.494，表明技术可供性、强关系、弱关系对感知信息诊断性具有较强的解释力度。感知信息意外发现性的 R^2 值为 0.663，说明技术可供性、弱关系、感知信息诊断性对感知信息意外发现性具有较强的解释力度。

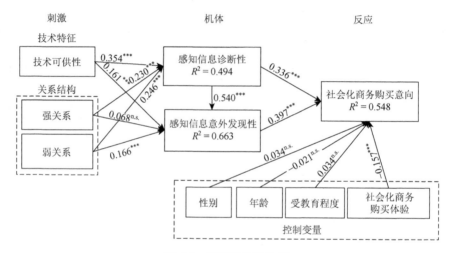

图 6-2　模型的检验结果

*** $p < 0.001$；n.s. $p > 0.05$

表 6-5　假设检验的路径分析结果

路径	路径系数	显著水平	检验结果
H6.1a：技术可供性→感知信息诊断性	0.354	$p < 0.001$	支持
H6.1b：技术可供性→感知信息意外发现性	0.161	$p < 0.001$	支持
H6.2a：强关系→感知信息诊断性	0.230	$p < 0.001$	支持
H6.2b：弱关系→感知信息诊断性	0.246	$p < 0.001$	支持
H6.2c：强关系→感知信息诊断性＞弱关系→感知信息诊断性	0.230 VS 0.246	$p > 0.1$	不支持
H6.3a：强关系→感知信息意外发现性	0.068	$p > 0.05$	不支持
H6.3b：弱关系→感知信息意外发现性	0.166	$p < 0.001$	支持

路径	路径系数	显著水平	检验结果
H6.3c：弱关系→感知信息意外发现性＞强关系→感知信息意外发现性	0.166 VS 0.068	$p<0.05$	支持
H6.4：感知信息诊断性→感知信息意外发现性	0.540	$p<0.001$	支持
H6.5a：感知信息诊断性→社会化商务购买意向	0.336	$p<0.001$	支持
H6.5b：感知信息意外发现性→社会化商务购买意向	0.397	$p<0.001$	支持

　　从表 6-5 中的数据看，技术可供性对感知信息诊断性和感知信息意外发现性的影响显著（$\beta=0.354$，$p<0.001$；$\beta=0.161$，$p<0.001$），因此 H6.1a、H6.1b 得到支持。强关系与弱关系对感知信息诊断性的路径系数分别为 0.230（$p<0.001$）和 0.246（$p<0.001$），说明二者对感知信息诊断性均具有显著的正向影响，H6.2a、H6.2b 得到了验证；由路径系数对比可知，强关系对感知信息诊断性的路径系数小于弱关系，理论上推断弱关系对感知信息诊断性的影响更大。为进一步比较二者的影响效果差异，根据 Li 等的研究[194]，本章进行了 t 检验分析[公式(6-1)]，强关系与弱关系对感知信息诊断性的影响系数差值为 0.016（$p>0.1$），两者差异不显著，因此 H6.2c 没有得到支持。弱关系对感知信息意外发现性的影响显著（$\beta=0.166$，$p<0.001$），H6.3b 得到支持；但是强关系对感知信息意外发现性的影响不显著（$\beta=0.068$，$p>0.05$），H6.3a 未得到验证。进一步比较强弱关系对感知信息诊断性的影响（$0.068^{\text{n.s.}}$ VS 0.166^{***}）：与强关系相比，弱关系对感知信息意外发现性的路径系数大，差值为 0.098（$p<0.05$），具有统计上的显著性，比较表明弱关系对感知信息意外发现性的影响大于强关系，因此 H6.3c 得到验证。感知信息诊断性对感知信息意外发现性的路径系数为 0.540（$p<0.001$），说明感知信息诊断性对感知信息意外发现性影响显著，H6.4 得到验证。感知信息诊断性与感知信息意外发现性对社会化商务购买意向的路径系数分别为 0.336（$p<0.001$）和 0.397（$p<0.001$），说明二者对社会化商务购买意向均具有显著影响，H6.5a、H6.5b 得到支持。

$$t=\frac{\beta_i-\beta_j}{\sqrt{\dfrac{1-R_Y^2}{n-k-1}\times\left(\dfrac{\text{sd}_y^2}{\text{sd}_i^2}\times r^{ii}+\dfrac{\text{sd}_y^2}{\text{sd}_j^2}\times r^{jj}-2\dfrac{\text{sd}_y^2}{\text{sd}_i\text{sd}_j}\times\dfrac{r^{ij}}{\sqrt{r^{ii}\times r^{jj}}}\right)}} \tag{6-1}$$

式中，β_i 表示自变量 i 的非标准化系数；sd_i 表示变量 i 的标准差；R_Y^2 表示因变量的解释方差；n 表示样本数量；k 表示自变量的总数量；r^{ij} 表示变量 i 和 j 的反向相关值。

　　为检验感知信息诊断性和感知信息意外发现性发挥的是完全中介作用还是部

分中介作用，本章参照 Liang 等[163]、Baron 和 Kenny[195]提出的三个步骤进行检验：①检验自变量与中介变量的关系；②移除中介变量，检验自变量与因变量的直接关系；③在原有模型的基础上，添加自变量对因变量的直接影响关系线，检验自变量对因变量的路径影响是显著降低（部分中介作用）还是变为零（完全中介作用）。首先，在步骤①检验技术可供性和强弱关系与感知信息诊断性和感知信息意外发现性的关系；其次，在步骤②检验技术可供性和强弱关系对社会化商务购买意向的直接影响关系，结果表明技术可供性（$\beta = 0.345$）、强关系（$\beta = 0.257$）以及弱关系（$\beta = 0.200$）对社会化商务购买意向的直接影响都是显著的（$p<0.01$）；最后，执行步骤③，在原始的研究模型中添加技术可供性和强弱关系对社会化商务购买意向的直接影响关系线，并检验该关系是否显著。结果显示，技术可供性对社会化商务购买意向的路径系数从 0.345 下降到 0.161（$p<0.01$），说明感知信息诊断性和感知信息意外发现性发挥了部分中介作用；强关系对社会化商务购买意向的路径系数从 0.257 下降到 0.144（$p<0.01$），说明信息诊断性发挥了部分中介作用；而弱关系对社会化商务购买意向的路径影响变得不显著（$\beta = 0.05$），说明感知信息诊断性和感知信息意外发现性在弱关系对社会化商务购买意向的影响中起了完全中介作用。

此外，研究结果显示，控制变量社会化商务购买体验显著影响社会化商务购买意向（$\beta = -0.157$，$p<0.001$），而其他三个控制变量，即性别、年龄及受教育程度对社会化商务购买意向的影响不显著。

6.4.4　研究结果与讨论

社会化商务作为新兴的电子商务模式，对其用户购买行为及影响因素的探究越来越受到学者和实践者的关注。技术特征和关系结构是支持社会化商务发展的两大重要方面。然而，现有研究对这两方面的探讨还不够深入，研究者多从单一角度揭示用户社会化购买行为机制，较少全面考虑社会化商务社交性和商务性并存的复杂特征因素。本章基于 S-O-R 框架，发现社会化商务的技术特征和关系结构能够通过刺激用户对产品的感知信息诊断性和感知信息意外发现性的机体感知影响他们的购买意向。通过数据分析，研究结果大部分得到验证，一部分有新的发现，现做出以下讨论。

（1）技术可供性显著地正向影响感知信息诊断性和感知信息意外发现性。这一结果与以往的研究提出的技术特征会刺激用户的感知体验、塑造用户行为的结论相一致。张洪等提出社交性和自我参照性的技术特征会显著地影响消费者的机体感知[19]。Yi 等发现产品标签特征对感知信息诊断性和感知信息意外发现性都有显著的影响[107]。社会化商务技术可供性从可供性的角度体现了社会化商务得以运营的技术化特征，在一定程度上，社会化商务技术可供性的内涵要大于现有研究提及的社会化商务技术特征的内涵，如张洪等提出的社交性[19]，在表达性、购物导向性、社会化连接性等在可供性特征中都可体现，因此本章不仅拓展了技术可供性在社会化商务中的应用，还深层次揭示了技术可供性对用户获取产品信息的影响机制。

（2）强关系与弱关系均显著地正向影响感知信息诊断性。这说明在社会化商务情境中，用户确实能够通过他们的强弱关系途径获得对产品信息的诊断和评估。然而，本章并没有发现强关系对感知信息诊断性的影响大于弱关系，虽然从路径系数上看，弱关系的作用大于强关系，但在统计意义上，二者并没有显著差异，这与 Wang 和 Chang[84]的研究表明的强关系对感知信息诊断性的作用比弱关系强的结论不同。这也是本章有价值的发现之一，对于此结果本章做出以下解释。一方面，由于用户给予强关系更多的信任，在社会化商务情境中用户往往凭直觉相信来自强关系的信息，甚至碍于"面子"关系对其推荐的产品进行盲从购买，也就是说用户可能根本不对从强关系中得知的产品进行充分的信息诊断和评估。另一方面，强关系与用户在兴趣、品位等很多方面具有同质性，这使得用户对通过强关系途径获得的信息降低警惕，用户往往对"人"而非产品进行一味评价，甚至出于习惯对产品信息做出错误判断。对弱关系而言，用户与该群体的关系相对疏远，用户对通过弱关系途径获得的产品信息本身就存在一定程度的怀疑和不确定性，这会促使用户本能地根据自身对产品的需求，详细并深入地了解产品信息，进而对产品做出相对客观、准确的判断。此外，基于社会化商务情境中相关产品涉及的不同程度的风险，用户也会根据与卖家的强弱关系对产品信息做出不同程度的诊断。对于高风险产品，用户会更倾向于向信任程度更高的强关系索取信息并充分进行诊断和了解；然而，对于低风险产品，用户不需要投放过多精力依靠关系强度来降低其承受风险的可能性，进而信息诊断受强弱关系来源途径的影响不大。

（3）弱关系对感知信息意外发现性的影响显著，强关系对感知信息意外发现性的影响不显著，弱关系对感知信息意外发现性的影响大于强关系。这一发现与已有的研究提出的弱关系较强关系更能提供多样化、有价值的信息相一致，如Levin 和 Cross[43]的研究曾表明弱关系是接触新信息、获取新知识的有效途径。弱关系理论认为弱关系从来源上讲与用户本身存在很大的异质性，他们大多为不熟悉或不认识的人，来自不同类型的组织或群体[2]，因而接触的信息范围更广、数量更多，信息异质性的概率比较大，从而获得额外有价值信息的可能性就较大。强关系成员间的关系比较密切，他们在兴趣、爱好、品位等方面具有相似性，对信息了解的同质性高。所以，相比强关系，弱关系更有助于用户的意外发现。以前的学者多强调强关系在电子商务、口碑营销中的重要作用，本章的研究发现为学者在理论上进一步拓展和丰富关系理论在社会化商务中的研究提供了参考，也为社会化商务的实践者提出了新的策略指导,重视弱关系在社会化商务中的作用,夯实途径源头,促进社会化商务的经济效益提升。

此外,本章的研究结果也有助于企业理解关系结构在用户购买决策过程中的作用。基于关系营销的社会化商务在对用户接收的产品信息的处理上要比大量广告营销的电子商务更具有竞争力。关系结构有助于用户对信息的诊断以及对新信息的发现,不同关系类型又产生了不同作用。因而,企业可以据此制定更有效的营销策略。企业可以选择恰当的用户使其向他们的关系网络推荐或发布产品信息。对于推出的新产品,企业可以告知目标用户来扩散,尤其是向其弱关系网络,以帮助用户评估产品以及发展潜在用户。由于强弱关系对用户感知信息诊断性都具有影响,但影响差异并不显著。据本章讨论可知,社会化商务平台更容易经营风险性较低的产品,重视弱关系的作用。弱关系在社会化购买过程中的作用更大。虽然人们在社会生活中比较注重塑造和维持强关系,习惯上把强关系当作一种稀缺资源或权利,但在社会化营销中,权本位的社会特征并不明显。用户在社会化商务中的强关系范围相对较小,弱关系的范围则可能是几何级的翻倍,范围比较广。因而企业要重视弱关系的作用,强化跟他们的关系,让其为企业布道,塑造未来优势。

(4)感知信息诊断性正向影响感知信息意外发现性。这表明当对信息做出全面诊断评估后,往往会有新的发现,产生"柳暗花明又一村"的感觉。之前的研究证实过感知信息诊断性会影响消费者的态度[152],这与用户的实际消费习惯相吻合。例如,用户在选择手机时,一般情况下关注的是它本身的通信功能,当对这些基本的情况了解以后,才会注意到其他的功能,如发现手机不但可以通话还可以照相以及作为照明工具等,进而获得产品额外的信息。

(5)感知信息诊断性与感知信息意外发现性均显著正向影响社会化商务购买意向。现有研究多从界面设计角度对二者展开探讨,如网页界面设计、评论特征、产品标签设计。本章除了技术特征,还将信息觅食的主体,即与用户有关的关系群作为信息的"供应商",扩大了信息觅食途径,开启了现有文献对二者研究的新着眼点。尤其是对感知信息意外发现性,以往的研究多集中在组织、心理等研究领域,在 IS 领域的研究还很少。本章将该概念引用到社会化商务的探索中,不仅有助于拓展该概念的应用领域,也有助于深化对社会化商务的研究。这表明无论是计划内获得的信息还是意外得知的信息,都有可能激发用户的购买欲望,对用户的社会化购买行为产生强大的推动作用。同时,感知信息诊断性与感知信息意外发现性的中介作用的研究结果丰富了社会化商务中现有文献对感知信息诊断性与感知信息意外发现性的研究,支持并拓展了前人对社会化商务购买意向的研究[84, 99],有助于我们在理论上深层次地理解用户的社会化购买行为产生和实现的内在机理。

6.5　理论贡献与实践启示

本章基于 S-O-R 框架，从技术特征和关系结构的集成视角出发，构建了用户的社会化商务购买意向的理论模型，并进行了理论分析和实证检验。本章将技术可供性和强弱关系作为刺激因素，探究其通过感知信息诊断性和感知信息意外发现性的机体感知如何影响用户的社会化商务购买意向。研究结果表明，影响社会化商务购买意向反应的因素可以从技术效应和社会关系的联动影响效应来追踪，并结合信息觅食理论考虑感知信息诊断性和感知信息意外发现性的机体效应，从而全面地分析社会化商务的复杂购买意向机理。由于现有的文献中没有直接测量社会化商务中的强关系和弱关系的量表，已有研究对社会化商务情境中的强弱关系的度量并不准确，例如，有的研究将强弱关系对立，认为强关系测量的反面就是弱关系[2]，然而强弱关系在理论上并不互斥[81]；有的研究仅用用户间交流的次数[196]、互动的频率[84]来区分强弱关系，显然存在一定的缺陷。本章立足社会化商务情境，并结合中国特色的"关系"营销视角，在已有文献的基础上完善了测量强弱关系概念的工具，这是首次针对社会化商务情境中的关系结构进行的量表开发研究，为实证探索强弱关系的研究提供了度量工具。

本章对管理实践的指导意义如下。首先，加强对平台技术特征作用的重视。对社会化商务平台的设计者来说，不仅要关注平台的一般特性，如个性化、社交性、自我呈现性，还要注意具体的功能化特征设计。其次，加强与用户的互动，向用户及时呈现产品信息，反馈用户意见，为用户创造满意的平台。强调用户的社会化交互信息是企业重要的资源。企业可以捕捉用户在社会化商务平台上的用户生成内容，以及跟踪目标用户的购买任务导向与购买行为数据，分析用户的行为，制定相关策略。例如，企业可以根据用户的关系类型列表以及与他们的互动历史，开发目标产品。对于平台开发商来说，可以设计一种能够过滤产品有用信息的机制，以帮助他们自动识别来自不同网络关系的信息；对用户来讲，他们也可以基于关系类型，快速地识别信息，避免因为信息过载而造成疲惫；企业也可以据此更有效地找到目标用户。最后，社会化商务企业的管理者应该重视顾客的机体感知。感知信息诊断性和感知信息意外发现性是顾客从信息层面感知的社会化商务购买体验，良好的体验反应很容易促成交易。

第7章 研究总结与展望

7.1 研 究 总 结

社会化商务作为一种新的商业模式发展迅速，对其探索引起了实践者和研究者的广泛关注。这种商务模式的快速发展既依托于信息技术，又依赖于社交网络上的用户关系。由于社会化购买行为是社会化商务的具体体现，本书聚焦于影响社会化商务中用户购买行为的因素，从技术和关系角度出发，深入研究了影响用户社会化购买行为的影响因素，以及各因素之间的关系，提出了技术可供性与关系对用户社会化购买行为影响的理论模型，剖析了社会化商务情境中技术可供性对买卖双方关系形成的影响机制，以及二者对社会化商务购买意向的影响路径和作用机理，以此来更加准确地探究技术效应与关系效应对用户社会化购买行为的影响过程。本书的主要研究结论和创新性研究成果如下。

（1）针对社会化商务研究中缺少对具体技术特征与用户目标行为关系的揭示，发展了社会化商务技术可供性构念，识别了技术可供性构念的六个维度，首次开发出了量化分析这一构念的测量题项，并验证了该构念影响社会化商务购买意向的理论模型。本书在可供性理论的基础上，充分考虑了社会化商务的社交性和商务性属性，将技术可供性纳入社会化商务研究。依据质性研究的理论和规范，首次发展了社会化商务技术可供性构念，理论化识别出了社会化商务技术可供性的六个表现维度：可视性、表达性、提醒关注性、购物导向性、社会化连接性和交易性，以详细地解释这一概念的内涵特征。由于现有研究对技术可供性的探索还处于起步阶段，缺乏量化分析技术可供性的测量工具，本书依据严格的量表开发程序对技术可供性构念及其维度进行了量表开发，并运用实证数据对开发的量表进行了实证检验。研究结果表明，开发的量表满足统计意义上信度和效度的指标要求。本书拓展了技术可供性理论的适用边界，同时进一步丰富了社会化商务研究的理论基础，为后续研究者探索与社会化商务情境相关的问题提供了新的研究视角与可选择的研究思路；同时，开发出的新量表也为后续研究者对技术可供性进行相关的实证研究提供了测量工具。针对技术对用户社会化购买行为的影响，本书基于技术可供性理论，深入分析了技术可供性对社会化购买行为的影响，构建了技术可供性影响社会化商务购买意向的理论模型，并实证检验了满意度与忠诚度的中介作用，揭示了技术可供性影响社会化购买行为的中介路径机理。为更深入地剖析这一影响的作用机制，本书引入了满意度和忠诚度的概念，探究二者在技术可供性对社会化购买行为的影响过程中的中介作用。研究结果表明，技术可供性对社会化商务购买意向具有显著的正向影响，技术可供性对满意度与忠诚度具有显著的正向影响，满意度和忠诚度对社会化商务购买意向也具有显著的正向影响。满意度和忠诚度在技术可供性对社会化商务购买意向的影响中发挥了部分中介作用。研究结果确认了社会化商务技术可供性构念的预测效度，表明这一构念在探索技术对社会化商务行为的影响中具有较强的解释力。本书对深入理解和揭示技术对社会化购买行为的影响具有重要意义，研究结果为社会化商务的参与者（买家、卖家、平台设计者）提供了管理参考。

（2）针对社会化商务买卖双方关系形成的问题，构建了技术可供性对社会化商务买卖双方关系形成的理论模型，揭示了社会化商务情境中买卖双方强弱关系形成的作用机制。本书基于技术可供性理论、关系理论和社会资本理论，深入分析了技术可供性对买卖双方关系形成的影响。在现有研究对技术使用与用户关系建立分析的基础上，详细阐述了技术可供性对社会化商务买卖双方关系形成产生影响的可能性。考虑到关系并不是以静态单维的形式存在的，本书根据关系强度，检验了在社会化商务中买卖双方存在的强弱关系类型，同时考虑了交互性对这一过程的中介作用，以及感知制度机制有效性的调节效应，构建了影响社会化商务情境中买卖双方关系形成的理论模型。研究结果表明，技术可供性对买卖双方强弱关系的建立具有显著影响，交互性在强弱关系的形成过程中也起到了积极作用，感知制度机制有效性在交互性对强关系的形成中发挥了调节作用，而对弱关系的形成没有显著影响。这一研究结果确认了社会关系的建立可以通过 IT 的使用来实现，明确了社会化商务中买卖双方不同关系类型的存在，揭示了社会化商务情境中买卖双方强弱关系形成的作用机制，研究结果为丰富现有关系研究的理论提供了参考，拓展了社会化商务中关系的研究边界，丰富了关系研究的理论文献，为社会化商务中的实践者，即买卖双方就如何创造关系、促进交易提供了理论借鉴，也为社会化商务平台的设计者如何在技术方面改进设计及提供有效的制度保障以提升用户体验，提供了理论参考。

（3）首次在社会化商务模型中通过引入感知信息诊断性和感知信息意外发现性，构建了技术可供性与关系强度影响社会化商务购买意向的理论模型，揭示了技术效应与关系效应对用户的社会化购买行为的影响路径和机理。本书基于 S-O-R 框架，从技术特征和关系结构的集成视角出发，首次在一个研究模型中整合了技术与社会关系两个层面的构念，将技术可供性与强弱关系作为刺激因素，将感知信息诊断性和感知信息意外发现性作为机体感知因素，构建了用户社会化商务购买意向产生过程的理论模型，研究结果表明，影响社会化购买行为反应的因素可以从技术效应和社会关系的联动影响效应来追踪，并基于信息觅食理论考虑感知信息诊断性和感知信息意外发现性的机体效应，从而全面地分析了社会化商务的复杂购买行为机理，详细地解释了影响用户选择社会化购买的因素。研究结果深化了 S-O-R 框架在社会化商务中的研究。在该模型框架下，同时考虑技术特征与非技术因素的关系结构对用户信息机体感知的影响以及对社会化购买行为的作用，拓展了以前学者主要集中于考虑单一方面因素对社会化购买行为刺激影响的研究，为学者从多角度考虑多方面因素提供了理论借鉴，同时也为研究社会化商务情境中用户的社会性和经济性行为提供了新的研究视角。

（4）首次揭示了强弱关系在社会化商务购买过程中的作用及效应差别，完善了社会化商务中买卖双方强弱关系的测量量表。本书将社会化商务中买卖双方存在的关系细分为强弱两种类型。尽管前人研究已经潜在地指出关系强度会对消费者行为产生不同影响，然而在实证研究中仍然缺少对强弱关系差异影响的具体探讨，学者多将关系强度作为单一维度的概念从总体上抽象化解释关系强度对用户行为的影响，却无法在深层次得知究竟何种类型的关系产生的作用更大。本书将强关系、弱关系作为两个独立的概念纳入研究模型，探究了关系结构对用户社会化商务购买意向的具体影响过程，进一步揭开了关系强度具体作用过程的"黑箱"。与以往学者的研究结论不同的是，本书研究结果表明，在社会化商务中弱关系对感知信息诊断性和感知信息意外发现性的影响比强关系更大，这一结果对社会化商务理论与实践的发展具有重要作用，拓展了强弱关系理论在社会化商务中的应用。此外，本书根植中国社会化商务发展情境，有意地深度挖掘研究中的中国情境和相应理论。在本书探索买卖双方关系形成的研究模块，结合中国情境固有的对"关系"的理解，对已有文献中关于关系概念的测量内容进行了补充和完善，使其更能反映中国特色。这不仅是在研究中首次针对社会化商务情境中的关系结构进行的量表开发探索，为后续进一步研究在不同情境下的强弱关系提供了实证度量工具和基础，也是本书研究中国情境问题，响应"把论文写在祖国大地上"的呼吁。

7.2　研究展望

（1）本书探讨了用户的社会化商务购买意向，由于无法获得用户的实际社会化购买行为数据，本书采用购买意向来预测行为，虽然已有研究论述过其合理性[44, 184]，但购买意向与实际购买行为之间仍然存在差异。后续研究可以自行设计购物平台，采用跨时段的方式，分别获取用户在不同时间段的纵向消费行为数据，对用户的实际社会化购买行为展开进一步研究。

（2）本书的研究对象为在微信上有过购物体验的用户，虽然微信交易行为盛行，但还不能够涵盖所有的社会化商务平台，不同的社会化商务平台之间还存在一定的差异性，因此，后续研究可以以不同的社会化商务平台为对象，对模型进行对比验证，以提高研究结论的普适性。

（3）社会化商务经营涵盖的产品也具有多样性，后续研究可以考虑产品的特征因素，如产品类型、产品风险高低程度等在研究模型中的调节作用。

参 考 文 献

[1] Kane G C，Alavi M，Labianca G J，et al. What's different about social media networks？A framework and research agenda[J]. MIS Quarterly，2014，38（1）：275-304.

[2] 冯娇，姚忠. 基于强弱关系理论的社会化商务购买意愿影响因素研究[J]. 管理评论，2015，27（12）：99-109.

[3] Parise S，Guinan P J. Marketing using Web 2.0[R]. Waikoloa：The 41st Hawaii International Conference on System Sciences，2008.

[4] Dennison G，Bourdage-Braun S，Chetuparambil M. Social commerce defined[EB/OL]. [2024-06-13]. https://digitalwellbeing.org/documents/IBM2009.pdf.

[5] Kim Y A，Srivastava J. Impact of social influence in e-commerce decision making[C]//Gini M，Kauffman R J. Proceedings of the Ninth International Conference on Electronic Commerce. Minneapolis：ACM，2007：293-301.

[6] Huang Z，Benyoucef M. From e-commerce to social commerce：a close look at design features[J]. Electronic Commerce Research and Applications，2013，12（4）：246-259.

[7] Yadav M S，Pavlou P A. Marketing in computer-mediated environments：research synthesis and new directions[J]. Journal of Marketing，2014，78（1）：20-40.

[8] Constantinides E，Fountain S J. Web 2.0：conceptual foundations and marketing issues[J]. Journal of Direct，Data and Digital Marketing Practice，2008，9（3）：231-244.

[9] Lee S H，Dewester D，Park S R. Web 2.0 and opportunities for small businesses[J]. Service Business，2008，2（4）：335-345.

[10] Eder L B，Shen J. An examination of factors associated with user acceptance of social shopping websites[J]. International Journal of Technology and Human Interaction，2011，7（1）：19-36.

[11] Stephen A T，Toubia O. Deriving value from social commerce networks[J]. Journal of Marketing Research，2010，47（2）：215-228.

[12] Grange C，Benbasat I. Explaining customerss' utilitarian and hedonic perceptions in the context of product search within social network-enabled shopping websites[R]. Auckland：The Thirteenth Annual Workshop on HCI Research in MIS，2014.

[13] Liang T P，Turban E. Introduction to the special issue social commerce：a research framework for social commerce[J]. International Journal of Electronic Commerce，2011，16（2）：5-14.

[14] Henderson J C，Venkatraman N. Strategic alignment：leveraging information technology for transforming organizations[J]. IBM Systems Journal，1993，32（1）：472-484.

[15] Wang C N，Zhang P. The evolution of social commerce：the people，business，technology，and information dimensions[J]. Communications of the Association for Information Systems，2012，31（5）：105-127.

[16] Zhou L N，Zhang P，Zimmermann H D. Social commerce research：an integrated view[J]. Electronic Commerce Research and Applications，2013，12（2）：61-68.

[17] Leitner P，Grechenig T. Scalable social software services：towards a shopping community model based on analyses of established web service components and functions[R]. Waikoloa：The 42nd Hawaii International Conference on System Sciences，2009.

[18] Rad A A，Benyoucef M. A model for understanding social commerce[J]. Journal of Information Systems Applied Research，2011，4（2）：63.

[19] 张洪，鲁耀斌，闫艳玲. 社会化购物社区技术特征对购买意向的影响研究[J]. 科研管理，2017，38（2）：84-92.

[20] Zhang H，Lu Y B，Gupta S，et al. What motivates customers to participate in social commerce？The impact of technological environments and virtual customer experiences[J]. Information ＆ Management，2014，51（8）：1017-1030.

[21] Li Y M，Wu C T，Lai C Y. A social recommender mechanism for e-commerce：combining similarity，trust，and relationship[J]. Decision Support Systems，2013，55（3）：740-752.

[22] Cao G M，Duan Y Q，Li G D. Linking business analytics to decision making effectiveness：a path model analysis[J]. IEEE Transactions on Engineering Management，2015，62（3）：384-395.

[23] Treem J W，Leonardi P M. Social media use in organizations exploring the affordances of visibility，editability，persistence，and association[J]. Communication Yearbook，2012，36：143-189.

[24] Majchrzak A，Faraj S，Kane G C，et al. The contradictory influence of social media affordances on online communal knowledge sharing[J]. Journal of Computer-Mediated Communication，2013，19（1）：38-55.

[25] Boyd D M，Ellison N B. Social network sites：definition，history，and scholarship[J]. Journal of Computer-Mediated Communication，2007，13（1）：210-230.

[26] Nan N，Lu Y. Harnessing the power of self-organization in an online community during organizational crisis[J]. MIS Quarterly，2014，38（4）：1135-1157.

[27] Strong D M，Volkoff O，Johnson S A，et al. A theory of organization-EHR affordance actualization[J]. Journal of the Association for Information Systems，2014，15（2）：53-85.

[28] Volkoff O，Strong D M. Critical realism and affordances：theorizing it-associated organizational change processes[J]. MIS Quarterly，2013，37（3）：819-834.

[29] Pozzi G，Pigni F，Vitari C. Affordance theory in the IS discipline：a review and synthesis of the literature[R]. Savannah：Twentieth Americas Conference on Information Systems，2014.

[30] Leonardi P M. When flexible routines meet flexible technologies affordance，constraint，and the imbrication of human and material agencies[J]. MIS Quarterly，2011，35（1）：147-167.

[31] Balci B，Rosenkranz C，Schuhen S. Identification of different affordances of information technology systems：an empirical study[R]. Tel Aviv：Twenty Second European Conference on Information Systems，2014.

[32] Ellison N，Steinfield C，Lampe C. The benefits of Facebook "friends：" social capital and college students' use of online social network sites[J]. Journal of Computer-Mediated Communication，2007，12：1143-1168.

[33] Wasko M M，Faraj S. Why should I share？ Examining social capital and knowledge contribution in electronic networks of practice[J]. MIS Quarterly，2005，29（1）：35-57.

[34] Granovetter M. The strength of weak ties[J]. American Journal of Sociology，1973，78（6）：1360-1380.

[35] Granovetter M. The impact of social structure on economic outcomes[J]. Journal of Economic Perspectives，2005，19（1）：33-50.

[36] Donath J，Boyd D. Public displays of connection[J]. BT Technology Journal，2004，22（4）：71-82.

[37] Wasko M M，Faraj S. "It is what one does"：why people participate and help others in electronic communities of practice[J]. Journal of Strategic Information Systems，2000，9：155-173.

[38] Bapna R，Umyarov A. Do your online friends make you pay？ A randomized field experiment in an online music social network[J]. Management Science，2015，21（8）：1741-2011.

[39] Shriver S K，Nair H S，Hofstetter R. Social ties and user-generated content：evidence from an online social network[J]. Management Science，2013，59（6）：1425-1443.

[40] Aral S，Walker D. Tie strength，embeddedness，and social influence：a large-scale networked experiment[J]. Management Science，2014，60（6）：1352-1370.

[41] Putnam R D. Bowling Alone：The Collapse and Revival of American Community[M]. New York：Simon & Schuster，2000.

[42] Krämer N，Rösner L，Eimler S，et al. Let the weakest link go! Empirical explorations on the relative importance of weak and strong ties on social networking sites[J]. Societies，2014，4（4）：785-809.

[43] Levin D Z，Cross R. The strength of weak ties you can trust：the mediating role of trust in effective knowledge transfer[J]. Management Science，2004，50（11）：1477-1490.

[44] Liang T P，Ho Y T，Li Y W，et al. What drives social commerce：the role of social support and relationship quality[J]. International Journal of Electronic Commerce，2011，16（2）：69-90.

[45] Martineau P. The personality of the retail store[J]. Harvard Business Review，1958，36（1）：47-55.

[46] Babin B J，Darden W R，Griffin M. Work and/or fun：measuring hedonic and utilitarian shopping value[J]. Journal of Consumer Research，1994，20（4）：644-656.

[47] Shim S，Eastlick M A. The hierarchical influence of personal values on mall shopping attitude and behavior[J]. Journal of Retailing，1998，74（1）：139-160.

[48] 张洪. 社会化商务环境下顾客交互行为研究[D]. 武汉：华中科技大学，2014.

[49] 董雪艳，王铁男. 技术特征、关系结构与社会化购买行为[J]. 管理科学学报，2020，23（10）：94-115.

[50] Lee K，Lee B，Oh W. Thumbs up，sales up？ The contingent effect of Facebook likes on sales performance in social commerce[J]. Journal of Management Information Systems，2015，32（4）：109-143.

[51] Shen J. Social comparison，social presence，and enjoyment in the acceptance of social shopping 48websites[J]. Journal of Electronic Commerce Research，2012，13（3）：198-212.

[52] Curty R G，Zhang P. Website features that gave rise to social commerce：a historical analysis[J]. Electronic Commerce Research and Applications，2013，12（4）：260-279.

[53] Wigand R T，Benjamin R I，Birkland J L H. Web 2.0 and beyond：implications for electronic commerce[R]. Innsbruck：The 10th International Conference on Electronic Commerce，2008.

[54] 陶晓波，杨学成，许研. 社会化商务研究述评与展望[J]. 管理评论，2015，27（11）：75-85.

[55] 卢云帆，鲁耀斌，林家宝，等. 社会化商务中顾客在线沟通研究：影响因素和作用规律[J]. 管理评论，2014，26（4）：111-121.

[56] Zwass V. Co-creation：toward a taxonomy and an integrated research perspective[J]. International Journal of Electronic Commerce，2010，15（1）：11-48.

[57] Gibson J J. The Ecological Approach to Visual Perception[M]. Boston：Houghton Mifflin，1979.

[58] Hutchby I. Technologies，texts and affordances[J]. Sociology，2001，35（2）：441-456.

[59] Norman D A. The Psychology of Everyday Things[M]. New York：Basic Books，1988.

[60] Norman D A. Affordance，conventions，and design[J]. Interactions，1999，6（3）：38-43.

[61] Gaver W. Technology affordances[C]//Robertson S P，Olson G M，Olson J S. Proceedings of the SIGCHI Conference on Human Factors in Computing Systems. New York：ACM Press，1991：79-84.

[62] Zammuto R G，Griffith T L，Majchrzak A，et al. Information technology and the changing fabric of organization[J]. Organization Science，2007，18（5）：749-762.

[63] Warren W H，Jr. Perceiving affordances：visual guidance of stair climbing[J]. Journal of Experimental Psychology：Human Perception and Performance，1984，10（5）：683-703.

[64] Ye L，Cardwell W，Mark L S. Perceiving multiple affordances for objects[J]. Ecological Psychology，2009，21（3）：185-217.

[65] Kane G C. Unexpected benefits of digital transformation[EB/OL]. [2017-01-04]. https://sloanreview.mit.edu/article/unexpected-benefits-of-digital-transformation/.

[66] Markus M L，Silver M S. A foundation for the study of it effects：a new look at desanctis and poole's concepts of structural features and spirit[J]. Journal of the Association for Information Systems，2008，9（10）：609-632.

[67] Sheer V C，Rice R E. Mobile instant messaging use and social capital：direct and indirect associations with employee outcomes[J]. Information & Management，2017，54（1）：90-102.

[68] Olbrich R，Holsing C. Modeling consumer purchasing behavior in social shopping communities with clickstream data[J]. International Journal of Electronic Commerce，2011，16（2）：15-40.

[69] Bourdieu P. The forms of capital[C]//Richardson J. Handbook of Theory and Research for the Sociology of Education. Westport：Greenwood，1986：241-258.

[70] Hsu J S C，Hung Y W. Exploring the interaction effects of social capital[J]. Information and Management，2013，50（7）：415-430.

[71] Newton K. Social capital and democracy[J]. American Behavioral Scientist，1997，40（5）：575-586.

[72] Nahapiet J，Ghoshal S. Social capital，intellectual capital，and the organizational advantage[J]. Academy of Management Review，1998，23（2）：242-266.

[73] Uzzi B. Social structure and competition in interfirm networks：the paradox of embeddedness[J].

Administrative Science Quarterly，1997，42（1）：35-67.

[74] Tsai W，Ghoshal S. Social capital and value creation：the role of intrafirm networks[J]. Academy of Management Journal，1998，41（4）：464-476.

[75] Chiu C M，Hsu M H，Wang E T G. Understanding knowledge sharing in virtual communities：an integration of social capital and social cognitive theories[J]. Decision Support Systems，2006，42（3）：1872-1888.

[76] van den Hooff B，de Winter M. Us and them：a social capital perspective on the relationship between the business and IT departments[J]. European Journal of Information Systems，2011，20（3）：255-266.

[77] Atuahene-Gima K，Murray J Y. Exploratory and exploitative learning in new product development：a social capital perspective on new technology ventures in China[J]. Journal of International Marketing，2007，15（2）：1-29.

[78] Lin C P. Assessing the mediating role of online social capital between social support and instant messaging usage[J]. Electronic Commerce Research and Applications，2011，10（1）：105-114.

[79] Wang Y C，Yu C. Social interaction-based consumer decision-making model in social commerce：the role of word of mouth and observational learning[J]. International Journal of Information Management，2017，37（3）：179-189.

[80] Granovetter M. Economic action and social structure：the problem of embeddedness[J]. American Journal of Sociology，1985，91（3）：481-510.

[81] Williams D. On and off the 'net：scales for social capital in an online era[J]. Journal of Computer-Mediated Communication，2006，11：593-628.

[82] Huang L T. Flow and social capital theory in online impulse buying[J]. Journal of Business Research，2016，69（6）：2277-2283.

[83] Ou C X，Pavlou P A，Davison R M. Swift guanxi in online marketplaces：the role of computer-mediated communication technologies[J]. MIS Quarterly，2014，38（1）：209-230.

[84] Wang J C，Chang C H. How online social ties and product-related risks influence purchase intentions：a Facebook experiment[J]. Electronic Commerce Research and Applications，2013，12（5）：337-346.

[85] Wu W K，Chiu S W. The impact of guanxi positioning on the quality of manufacturer-retailer channel relationships：evidence from Taiwanese SMEs[J]. Journal of Business Research，2016，69（9）：3398-3405.

[86] Gu F F，Hung K，Tse D K. When does guanxi matter? Issues of capitalization and its dark sides[J]. Journal of Marketing，2008，72（4）：12-28.

[87] 杨俊，张玉利，杨晓非，等. 关系强度、关系资源与新企业绩效：基于行为视角的实证研究[J]. 南开管理评论，2009，12（4）：44-54.

[88] Huang Q，Chen X Y，Ou C X，et al. Understanding buyers' loyalty to a C2C platform：the roles of social capital，satisfaction and perceived effectiveness of e-commerce institutional mechanisms[J]. Information Systems Journal，2017，27（1）：91-119.

[89] 庄贵军，席民民. 关系营销在中国的文化基础[J]. 管理世界，2003，（10）：98-109，156.

[90] Cialdini R B. Descriptive social norms as underappreciated sources of social control[J].

Psychometrika，2007，72（2）：263-268.

[91] Trusov M，Bucklin R E，Pauwels K. Effects of word-of-mouth versus traditional marketing：findings from an internet social networking site[J]. Journal of Marketing，2009，73（5）：90-102.

[92] Marsden P V. Interpersonal ties，social capital，and employer staffing practices[C]//Lin N，Cook K，Burt R S. Social Capital Theory and Research. New York：Routledge，2001：105-125.

[93] Mehrabian A，Russell J A. An Approach to Environmental Psychology[M]. Cambridge：MIT Press，1974.

[94] Belk R W. Situational variables and consumer behavior[J]. Journal of Consumer Research，1975，2（3）：157-164.

[95] Donovan R J，Rossiter J R. Store atmosphere：an environmental psychology approach[J]. Journal of Retailing，1982，58（1）：34-57.

[96] 薛杨，许正良. 微信营销环境下用户信息行为影响因素分析与模型构建：基于沉浸理论的视角[J]. 情报理论与实践，2016，39（6）：104-109.

[97] 张敏，唐国庆，张艳. 基于 S-O-R 范式的虚拟社区用户知识共享行为影响因素分析[J]. 情报科学，2017，35（11）：149-155.

[98] 徐孝娟，赵宇翔，吴曼丽，等. S-O-R 理论视角下的社交网站用户流失行为实证研究[J]. 情报杂志，2017，36（7）：188-194.

[99] Fang Y H. Does online interactivity matter？Exploring the role of interactivity strategies in consumer decision making[J]. Computers in Human Behavior，2012，28（5）：1790-1804.

[100] Liu H F，Chu H L，Huang Q，et al. Enhancing the flow experience of consumers in China through interpersonal interaction in social commerce[J]. Computers in Human Behavior，2016，58：306-314.

[101] Animesh A，Pinsonneault A，Yang S B，et al. An odyssey into virtual worlds：exploring the impacts of technological and spatial environments on intention to purchase virtual products[J]. MIS Quarterly，2011，35（3）：789-810.

[102] 张洪，鲁耀斌，向纯洁. 社会化商务环境下消费者参与意向研究：基于体验的视角[J]. 管理工程学报，2017，31（2）：40-46.

[103] Chen Y C，Shang R A，Kao C Y. The effects of information overload on consumers' subjective state towards buying decision in the internet shopping environment[J]. Electronic Commerce Research and Applications，2009，8（1）：48-58.

[104] Pirolli P. Information Foraging Theory：Adaptive Interaction with Information[M]. Oxford：Oxford University Press，2007.

[105] 许邦莲. 基于信息觅食理论的高校图书馆学科服务平台设计研究[J]. 东华理工大学学报（社会科学版），2017，36（3）：295-298.

[106] 谢珍. 基于信息觅食理论的大学生信息搜寻行为实证研究[J]. 情报理论与实践，2016，39（11）：73-77.

[107] Yi C，Jiang Z J，Benbasat I. Designing for diagnosticity and serendipity：an investigation of social product-search mechanisms[J]. Information Systems Research，2017，28（2）：203-449.

[108] Kempf D S，Smith R E. Consumer processing of product trial and the influence of prior advertising：a structural modeling approach[J]. Journal of Marketing Research，1998，35（3）：

325-338.

[109] Ohanian R. Construction and validation of a scale to measure celebrity endorsers' perceived expertise, trustworthiness and attractiveness[J]. Journal of Advertising, 1990, 19 (3): 39-52.

[110] Agarwal N K. Towards a definition of serendipity in information behaviour[J]. Information Research, 2015, 20 (3): 1-16.

[111] 陈渝, 路洋, 金雪聪. 基于示能性视角的信息系统使用研究综述[J]. 图书馆理论与实践, 2016: 28-34.

[112] Jasperson J, Carter P E, Zmud R W. A comprehensive review and conceptualization of post-adoptive behaviors associated with information technology enabled work systems[J]. MIS Quarterly, 2005, 29 (3): 525-557.

[113] 刘宏, 张小静. 社会化电子商务用户互动模式研究[J]. 商业经济研究, 2017, (23): 68-70.

[114] Venkatesh V. Where to go from here? Thoughts on future directions for research on individual-level technology adoption with a focus on decision making[J]. Decision Sciences, 2006, 37 (4): 497-518.

[115] Ajzen I. The theory of planned behavior[J]. Organizational Behavior and Human Decision Processes, 1991, 50 (2): 179-211.

[116] Davis F D. Perceived usefulness, perceived ease of use, and user acceptance of information technology[J]. MIS Quarterly, 1989, 13 (3): 319-340.

[117] Grange C, Benbasat I. The value of social shopping networks for product search and the moderating role of network scope[R]. Milan: The 34th International Conference on Information Systems, 2013.

[118] Kane G C. Enterprise social media: current capabilities and future possibilities[J]. MIS Quarterly Executive, 2015, 14 (1): 1-16.

[119] Leonardi P M. When does technology use enable network change in organizations? A comparative study of feature use and shared affordances[J]. MIS Quarterly, 2013, 37 (3): 749-775.

[120] Robey D, Anderson C, Raymond B. Information technology, materiality, and organizational change: a professional odyssey[J]. Journal of the Association for Information Systems, 2013, 14 (7): 379-398.

[121] Venkatesh V, Thong J Y L, Xu X. Consumer acceptance and use of information technology: extending the unified theory of acceptance and use of technology[J]. MIS Quarterly, 2012, 36 (1): 157-178.

[122] Carte T A, Schwarzkopf A B, Wang N. How should technology affordances be measured? An initial comparison of two approaches[R]. Puerto Rico: 21st Americas Conference on Information Systems, 2015.

[123] Benbasat I, Zmud R W. The identity crisis within the IS discipline: defining and communicating the discipline's core properties[J]. MIS Quarterly, 2003, 27 (2): 183-194.

[124] Earl J, Kimport K. Digitally Enabled Social Change: Activism in the Internet Age[M]. Cambridge: MIT Press, 2011.

[125] Mansour O, Askenäs L, Ghazawneh A. Social media and organizing: an empirical analysis of

the role of wiki affordances in organizing practices[R]. Milan: The 34th International Conference on Information Systems, 2013.

[126] Takeda H, Veerkamp P, Tomiyama T, et al. Modeling design processes[J]. AI Magazine, 1990, 11 (4): 37-48.

[127] Wetzels M, Odekerken-Schröder G, van Oppen C. Using PLS path modeling for assessing hierarchical construct models: guidelines and empirical illustration[J]. MIS Quarterly, 2009, 33 (1): 177-195.

[128] Friedrich T, Overhage S, Schlauderer S, et al. Selecting technologies for social commerce: towards a systematic method[R]. Münster: Twenty-Third European Conference on Information Systems, 2015.

[129] Eisenhardt K M. Building theories from case study research[J]. Academy of Management Review, 1989, 14 (4): 532-550.

[130] MacKenzie S B, Podsakoff P M, Podsakoff N P. Construct measurement and validation procedures in mis and behavioral research: integrating new and existing techniques[J]. MIS Quarterly, 2011, 35 (2): 293-334.

[131] Strauss A, Corbin J M. Basics of Qualitative Research[M]. London: Sage, 1990.

[132] Hoehle H, Venkatesh V. Mobile application usability: conceptualization and instrument development[J]. MIS Quarterly, 2015, 39 (2): 435-472.

[133] Bhattacherjee A. Social Science Research: Principles, Methods, and Practices[M]. Athens: Global Text Project, 2012.

[134] Hinkin T R. A review of scale development practices in the study of organization[J]. Journal of Management, 1995, 21 (5): 967-988.

[135] Moore G C, Benbasat I. Development of an instrument to measure the perceptions of adopting an information technology innovation[J]. Information Systems Research, 1991, 2 (3): 192-222.

[136] Hair J F, Hult G T M, Ringle C M, et al. A Primer On Partial Least Squares Structural Equation Modeling (PLS-SEM) [M]. London: Sage, 2014.

[137] Fornell C, Larcker D F. Structural equation models with unobservable variables and measurement error: algebra and statistics[J]. Journal of Marketing Research, 1981, 18 (3): 382-388.

[138] Bollen K A. Structural Equations with Latent Variables[M]. New York: John Wiley & Sons, 1989.

[139] Suh K S, Lee Y E. The effects of virtual reality on consumer learning: an empirical investigation[J]. MIS Quarterly, 2005, 29 (4): 673-697.

[140] Pavlou P A, Gefen D. Building effective online marketplaces with institution-based trust[J]. Information Systems Research, 2004, 15 (1): 37-59.

[141] Fang Y L, Qureshi I, Sun H S, et al. Trust, satisfaction, and online repurchase intention: the moderating role of perceived effectiveness of e-commerce institutional mechanisms[J]. MIS Quarterly, 2014, 38 (2): 407-427.

[142] Xu C Y, Peak D, Prybutok V. A customer value, satisfaction, and loyalty perspective of mobile application recommendations[J]. Decision Support Systems, 2015, 79: 171-183.

[143] Luo J F，Ba S，Zhang H. The effectiveness of online shopping characteristics and well-designed websites on satisfaction[J]. MIS Quarterly，2012，36（4）：1131-1144.

[144] Zhang T C，Agarwal R，Lucas H C. The value of IT-enabled retailer learning：personalized product recommendations and customer store loyalty in electronic markets[J]. MIS Quarterly，2011，35（4）：859-881.

[145] Johnson M D，Herrmann A，Huber F. The evolution of loyalty intentions[J]. Journal of Marketing，2006，70（2）：122-132.

[146] Flavián C，Guinalíu M，Gurrea R. The role played by perceived usability，satisfaction and consumer trust on website loyalty[J]. Information & Management，2006，43（1）：1-14.

[147] Cenfetelli R T，Benbasat I，Al-Natour S. Addressing the what and how of online services：positioning supporting-services functionality and service quality for business-to-consumer success[J]. Information Systems Research，2008，19（2）：161-181.

[148] Tan F T C，Tan B，Pan S L. Developing a leading digital multi-sided platform：examining it affordances and competitive actions in Alibaba.com[J]. Communications of the Association for Information Systems，2016，38：738-760.

[149] Wang Y S，Wang H Y，Shee D Y. Measuring e-learning systems success in an organizational context：scale development and validation[J]. Computers in Human Behavior，2007，23（4）：1792-1808.

[150] Xiao B，Benbasat I. Product-related deception in e-commerce：a theoretical perspective[J]. MIS Quarterly，2011，35（1）：169-195.

[151] Szymanski D M，Hise R T. E-satisfaction：an initial examination[J]. Journal of Retailing，2000，76（3）：309-322.

[152] Jiang Z H，Benbasat I. Research note：investigating the influence of the functional mechanisms of online product presentations[J]. Information Systems Research，2007，18（4）：454-470.

[153] Dong X，Wang T，Benbasat I. IT affordances in online social commerce-conceptualization validation and scale development[R]. San Diego：Proceedings of the Twenty-second Americas Conference on Information Systems，2016.

[154] Brislin R W. Translation and content analysis of oral and written material[C]//Triandis H C，Berry J W. Handbook of Cross-Cultural Psychology. Boston：Allyn & Bacon，1980：389-444.

[155] Hair J F，Ringle C M，Sarstedt M. PLS-SEM：indeed a silver bullet[J]. Journal of Marketing Theory and Practice，2011，19（2）：139-152.

[156] 陈晓萍，徐淑英，樊景立. 组织与管理研究的实证方法[M]. 2 版. 北京：北京大学出版社，2012.

[157] Ringle C M，Sarstedt M，Straub D W. Editor's comments：a critical look at the use of PLS-SEM in MIS Quarterly[J]. MIS Quarterly，2012，36（1）：iii–xiv.

[158] Chin W W. How to write up and report PLS analyses[C]//Vinzi V E，Chin W W，Henseler J，et al. Handbook of Partial Least Squares. Berlin：Springer，2010：655-690.

[159] Hulland J. Use of partial least squares（PLS）in strategic management research：a review of four recent studies[J]. Strategic Management Journal，1999，20（2）：195-204.

[160] 刘智强，邓传军，廖建桥，等. 组织支持、地位认知与员工创新：雇佣多样性视角[J]. 管

理科学学报，2015，18（10）：80-94.

[161] Hair J F，Jr，Sarstedt M，Hopkins L，et al. Partial least squares structural equation modeling（PLS-SEM）[J]. European Business Review，2014，26（2）：106-121.

[162] Podsakoff P M，MacKenzie S B，Lee J-Y，et al. Common method biases in behavioral research：a critical review of the literature and recommended remedies[J]. Journal of Applied Psychology，2003，88（5）：879-903.

[163] Liang H G，Saraf N，Hu Q，et al. Assimilation of enterprise systems：the effect of institutional pressures and the mediating role of top management[J]. MIS Quarterly，2007，31（1）：59-87.

[164] Wang W Q，Qiu L Y，Kim D，et al. Effects of rational and social appeals of online recommendation agents on cognition- and affect-based trust[J]. Decision Support Systems，2016，86：48-60.

[165] Liu L B，Cheung C M K，Lee M K O. An empirical investigation of information sharing behavior on social commerce sites[J]. International Journal of Information Management，2016，36（5）：686-699.

[166] Xiang L，Zheng X B，Lee M K O，et al. Exploring consumers' impulse buying behavior on social commerce platform：the role of parasocial interaction[J]. International Journal of Information Management，2016，36（3）：333-347.

[167] Chen J V，Su B C，Widjaja A E. Facebook C2C social commerce：a study of online impulse buying[J]. Decision Support Systems，2016，83：57-69.

[168] Martinsons M G. Relationship-based e-commerce：theory and evidence from China[J]. Information Systems Journal，2008，18（4）：331-356.

[169] Kim S，Park H. Effects of various characteristics of social commerce（s-commerce）on consumers' trust and trust performance[J]. International Journal of Information Management，2013，33（2）：318-332.

[170] Steinfield C，Ellison N B，Lampe C. Social capital，self-esteem，and use of online social network sites：a longitudinal analysis[J]. Journal of Applied Developmental Psychology，2008，29（6）：434-445.

[171] Phua J，Jin S V，Kim J. Gratifications of using Facebook，Twitter，Instagram，or Snapchat to follow brands：the moderating effect of social comparison，trust，tie strength，and network homophily on brand identification，brand engagement，brand commitment，and membership intention[J]. Telematics and Informatics，2017，34（1）：412-424.

[172] Aral S，Dellarocas C，Godes D. Introduction to the special issue：social media and business transformation：a framework for research[J]. Information Systems Research，2013，24（1）：3-13.

[173] Carlson J R，Zmud R W. Channel expansion theory and the experiential nature of media richness perceptions[J]. Academy of Management Journal，1999，42（2）：153-170.

[174] Yoon D，Choi S M，Sohn D. Building customer relationships in an electronic age：the role of interactivity of e-commerce web sites[J]. Psychology and Marketing，2008，25（7）：602-618.

[175] Hu X，Huang Q，Zhong X P，et al. The influence of peer characteristics and technical features of a social shopping website on a consumer's purchase intention[J]. International Journal of

Information Management，2016，36（6）：1218-1230.

[176] Bai Y，Yao Z，Dou Y F. Effect of social commerce factors on user purchase behavior：an empirical investigation from renren.com[J]. International Journal of Information Management，2015，35（5）：538-550.

[177] Lowry P B，Romano N C，Jenkins J L，et al. The CMC interactivity model：how interactivity enhances communication quality and process satisfaction in lean-media groups[J]. Journal of Management Information Systems，2009，26（1）：155-196.

[178] Hou J W. Price determinants in online auctions：a comparative study of eBay China and US[J]. Journal of Electronic Commerce Research，2007，8（3）：172-183.

[179] Koroleva K，Kane G C. Relational affordances of information processing on Facebook[J]. Information & Management，2017，54（5）：560-572.

[180] Bao H J，Li B Y，Shen J Y，et al. Repurchase intention in the Chinese e-marketplace[J]. Industrial Management & Data Systems，2016，116（8）：1759-1778.

[181] Chin W W，Marcolin B L，Newsted P R. A partial least squares latent variable modeling approach for measuring interaction effects：results from a Monte Carlo simulation study and an electronic-mail emotion/adoption study[J]. Information Systems Research，2003，14（2）：189-217.

[182] Zhang K Z K，Benyoucef M. Consumer behavior in social commerce：a literature review[J]. Decision Support Systems，2016，86：95-108.

[183] 吴菊华，高穗，莫赞，等. 社会化电子商务模式创新研究[J]. 情报科学，2014，32（12）：48-52，66.

[184] Chen J，Shen X L. Consumers' decisions in social commerce context：an empirical investigation[J]. Decision Support Systems，2015，79：55-64.

[185] Jiang Z H，Benbasat I. Virtual product experience：effects of visual and functional control of products on perceived diagnosticity and flow in electronic shopping[J]. Journal of Management Information Systems，2005，21（3）：111-147.

[186] Mudambi S M，Schuff D. What makes a helpful online review? A study of customer reviews on Amazon.com[J]. MIS Quarterly，2010，34（1）：185-200.

[187] Sun T，Zhang M，Mei Q Z. Unexpected relevance：an empirical study of serendipity in retweets[J]. Proceedings of the Seventh International AAAI Conference on Weblogs and Social Media，2013，7（1）：592-601.

[188] Chi E H. Information seeking can be social[J]. Computer，2009，42（3）：42-46.

[189] 杨隽萍，于晓宇，陶向明，等. 社会网络、先前经验与创业风险识别[J]. 管理科学学报，2017，20（5）：35-50.

[190] Hossain L，de Silva A. Exploring user acceptance of technology using social networks[J]. The Journal of High Technology Management Research，2009，20（1）：1-18.

[191] Pavlou P A，Liang H G，Xue Y J. Understanding and mitigating uncertainty in online exchange relationships：a principal-agent perspective[J]. MIS Quarterly，2007，31（1）：105-136.

[192] Foster A，Ford N. Serendipity and information seeking：an empirical study[J]. Journal of Documentation，2003，59（3）：321-340.

[193] Yi C, Jiang Z J, Benbasat I. Enticing and engaging consumers via online product presentations: the effects of restricted interaction design[J]. Journal of Management Information Systems, 2015, 31 (4): 213-242.

[194] Li X X, Hsieh J J P A, Rai A. Motivational differences across post-acceptance information system usage behaviors: an investigation in the business intelligence systems context[J]. Information Systems Research, 2013, 24 (3): 659-682.

[195] Baron R M, Kenny D A. The moderator-mediator variable distinction in social psychological research: conceptual, strategic, and statistical considerations[J]. Journal of Personality and Social Psychology, 1986, 51 (6): 1173-1182.

[196] Shen G C C, Chiou J S, Hsiao C H, et al. Effective marketing communication via social networking site: the moderating role of the social tie[J]. Journal of Business Research, 2016, 69 (6): 2265-2270.

附　　录

附表 1　社会化商务技术可供性的初始条目库（英文版）

序号	条目
1	The OSC platform provides me with detailed pictures of the products
2	The OSC platform makes the product attributes visible to me
3	The OSC platform makes information about how to use products visible to me
4	The OSC platform makes people's reviews on products visible to me
5	The OSC platform helps me to visualize products like in the real world
6	The OSC platform makes other people's profiles（in the same friend list）visible to me
7	The OSC platform makes other people's communal behavior visible to me
8	The OSC platform enables me to make my profile visible to other people（in the same friend list）
9	The OSC platform enables me to make my personal behavior visible to other people（in the same friend list）
10	The OSC platform includes features that aid in my return（or disposal）of a purchased product
11	The OSC platform allows me to comment on products
12	The OSC platform allows me to react to other people's feedback on products
13	The OSC platform allows me to share in other people's opinion about products
14	The OSC platform allows me to join in other people's communal discussions on products
15	The OSC platform allows me to share shopping experiences with other people
16	The OSC platform allows me to provide feedback to sellers
17	The OSC platform allows me to communicate with the sellers
18	The OSC platform allows me to provide my evaluation of the product to the sellers
19	The OSC platform informs me about product upgrades in a timely fashion
20	The OSC platform informs me about product improvements in a timely fashion
21	The OSC platform informs me of any changes to my products of interest in a timely fashion
22	The OSC platform informs me of new product promotion information in a timely fashion
23	The OSC platform informs me of new members timely
24	The OSC platform informs me of new information about my friends' circle
25	People on the OSC platform can recommend products to me with the specific features that I may like
26	People on the OSC platform can help me establish my product needs without any restrictions
27	People on the OSC platform can help me identify which product attributes best fit my needs
28	People on the OSC platform can provide me with personal product customization based on my requirements

序号	条目
29	People on the OSC platform can provide me with information on all alternative products I intend to buy
30	The OSC platform ensures I get the product
31	The OSC platform allows me to obtain the product
32	The OSC platform allows me to connect with people，with whom I would like to connect offline
33	The OSC platform enables me to make friends with other people I have never met
34	The OSC platform enables me to get product information through connections with other people
35	The OSC platform enables me to connect with other people to buy products together
36	The OSC platform allows me to connect with people who can offer me detailed product information by introducing me to other people
37	The OSC platform helps me find a seller for the product
38	The OSC platform allows me to find out who sells the product
39	The OSC platform offers me multiple payment options to complete a purchase
40	The OSC platform helps me to finish a transaction in an effective way
41	The OSC platform enables me to complete a transaction smoothly
42	The OSC platform enables me to trade safely
43	The OSC platform provides the necessary functions to make a payment
44	The OSC platform provides multiple options of how to pay
45	The OSC platform allows me to get a detailed history of the goods I ordered from it
46	The OSC platform allows me to effectively conduct a buying transaction online

附表 2 社会化商务技术可供性的初始条目库（中文版）

序号	条目
1	社会化商务平台能给我提供产品的详细照片
2	社会化商务平台能让我看到产品的属性
3	社会化商务平台能让我看到产品的使用说明
4	社会化商务平台能让我看到他人对产品的评价
5	社会化商务平台能让我对看到的产品有真切直观的感受
6	社会化商务平台能让我看到朋友圈内其他人的主页
7	社会化商务平台能让我了解朋友圈内其他人的行为
8	社会化商务平台能让我的主页被朋友圈内其他人看见
9	社会化商务平台能让我的个人行为被朋友圈内其他人了解
10	社会化商务平台能帮我退回或处理已购产品

续表

序号	条目
11	社会化商务平台能使我对产品发表评论
12	社会化商务平台能使我对其他人的产品反馈做出反应
13	社会化商务平台能使我分享其他人对产品评价的观点
14	社会化商务平台能使我加入其他人的产品讨论
15	社会化商务平台能使我与其他人分享购物体验
16	社会化商务平台能让我向卖家做出反馈
17	社会化商务平台能让我与卖家进行沟通
18	社会化商务平台能让我向卖家反映我对产品的评价
19	社会化商务平台能及时地通知我产品更新
20	社会化商务平台能及时地通知我产品改善
21	社会化商务平台能及时地通知我所感兴趣的产品发生了变化
22	社会化商务平台能及时地通知我产品的促销信息
23	社会化商务平台能及时地通知我新成员的加入
24	社会化商务平台能及时地通知我朋友圈发生的新动态
25	社会化商务平台上有人会向我推荐我可能喜欢的产品
26	社会化商务平台上有人会毫无保留地帮我建立产品需求
27	社会化商务平台上有人会向我推荐最能满足我需求的产品
28	社会化商务平台上有人会根据我的个性化需求向我推荐产品
29	社会化商务平台上有人会向我提供符合我购买意向的所有产品
30	社会化商务平台能保证我拿到产品
31	社会化商务平台能让我获得产品
32	社会化商务平台能让我联系到我线下想联系的人
33	社会化商务平台能让我和不认识的人加为好友
34	社会化商务平台能让我通过与其他人联系而得知产品信息
35	社会化商务平台能使我与其他人建立联系，一起购买产品
36	社会化商务平台能使我通过其他人的介绍，让我联系到能提供给我详细产品信息的人
37	社会化商务平台会帮我寻找产品的卖家
38	社会化商务平台会让我找到产品的卖家
39	社会化商务平台能为我提供完成交易的多种支付方式

序号	条目
40	社会化商务平台能帮助我有效地完成交易
41	社会化商务平台能使我很顺利地完成交易
42	社会化商务平台能保障我交易过程的安全性
43	社会化商务平台提供了必要的支付功能
44	社会化商务平台提供了多种可供选择的支付方式
45	社会化商务平台能让我看到详细的购物记录
46	社会化商务平台能让我有效地进行线上购物

附表 3　社会化商务买卖双方强弱关系形成的初始测量题项（英文版）

项目		测量题项
strong tie	1	I communicate a long time with the sellers I meet while purchasing on WeChat
	2	I frequently interact with the sellers I meet while purchasing on WeChat
	3	I consider the sellers I meet while purchasing on WeChat as close friends
	4	Communicating with the sellers I meet while purchasing on WeChat is like communicating with my family members
	5	The sellers I meet while purchasing on WeChat could offer me emotional support
	6	The sellers I meet while purchasing on WeChat and I could confide in each other
	7	The sellers I meet while purchasing on WeChat could help me when necessary
	8	The sellers I meet while purchasing on WeChat have similar taste to me[a]
	9	The sellers I meet while purchasing on WeChat have a lot in common with me[a]
weak tie	1	I do not consider the sellers I meet while purchasing on WeChat as actual friends
	2	The sellers I meet while purchasing on WeChat are not part of my close community
	3	The sellers I meet while purchasing on WeChat remind me that everyone in the world is connected
	4	I can obtain some new product information from the sellers I meet while purchasing on WeChat
	5	I get acquainted with new sellers while purchasing on WeChat[a]
	6	I have never gotten acquainted with the sellers I meet while purchasing on WeChat[a]
	7	The sellers I meet while purchasing on WeChat make me feel like part of a larger community[a]
	8	The sellers I meet while purchasing on WeChat making me interested in things that happen outside of my town[a]
	9	The sellers I meet while purchasing on WeChat making me interested in what people unlike me are thinking[a]

a 表示由于在因子分析中不符合因子正确载荷值而被删除的题项

附表 4   社会化商务买卖双方强弱关系形成的初始测量题项（中文版）

项目		测量题项
强关系	1	我和社会化商务平台上的有些卖家交流时间很长
	2	社会化商务平台上的有些卖家与我交流频繁
	3	社会化商务平台上的有些卖家是我的亲密朋友
	4	我和社会化商务平台上的有些卖家交流就像和我的家人交流一样
	5	我在社会化商务平台购物时遇到的卖家可以给我提供情感支持
	6	我在社会化商务平台购物时遇到的卖家与我互相信任
	7	我在社会化商务平台购物时遇到的卖家可以在必要时帮助我
	8	社会化商务平台上的有些卖家与我有相似的品位 [a]
	9	社会化商务平台上的有些卖家在很多方面与我有相似之处 [a]
弱关系	1	社会化商务平台上的有些卖家并不是我真正的朋友
	2	社会化商务平台上的有些卖家并不是我亲密群体的一部分
	3	社会化商务平台上的卖家使我觉得世界上的每个人之间都是有联系的
	4	我会从社会化商务平台上新加入的卖家那里获知一些新产品信息
	5	我在社会化商务平台购物时认识了新的卖家 [a]
	6	我从来不认识我在社会化商务平台购物时遇到的卖家 [a]
	7	社会化商务平台上的有些卖家使我感觉到自己是更大集体里的一部分 [a]
	8	社会化商务平台上的有些卖家使我对发生在我身边以外的事情有所了解 [a]
	9	社会化商务平台上的有些卖家使我对与我不同的人的想法有所了解 [a]

a 表示由于在因子分析中不符合因子正确载荷值而被删除的题项

附表 5   社会化商务平台关系结构的测量题项

项目		测量题项
强关系	1	社会化商务平台上有些微商和我有亲属关系 [**]
	2	社会化商务平台上有些微商和我是关系很好的朋友
	3	社会化商务平台上有些微商与我交流频繁
	4	我和社会化商务平台上的有些微商交流感觉就像和家人交流一样
	5	社会化商务平台上有些微商与我有相似的发帖内容
	6	社会化商务平台上有些微商与我有相似的品位
	7	社会化商务平台上有些微商与我有相似的生活经历
	8	社会化商务平台上有些微商与我有很多相似之处
弱关系	1	社会化商务平台上有些微商我从来没见过 [**]
	2	社会化商务平台上有些微商与我交情很浅

续表

项目		测量题项
弱关系	3	社会化商务平台上有些微商是我新认识的人
	4	社会化商务平台上有些微商并不是我亲密群体的一部分
	5	社会化商务平台上有些微商使我感觉到自己是更大集体里的一部分**
	6	社会化商务平台上的微商使我觉得世界上的每个人之间都是有联系的
	7	社会化商务平台上的有些微商使我对发生在我身边以外的事情有所了解
	8	我会从社会化商务平台上新加入的微商那里获知一些新产品信息
	9	通过社会化商务平台上的一些微商，我对其他人的想法有所了解

**表示在探索性因子数据分析中被删除的双因子载荷项